# 회계학 콘서트

## ❸ 고정비와 변동비

# 회계학 콘서트

## ❸ 고정비와 변동비

하야시 아츠무 지음 | 박종민 옮김 | 홍종팔 감수

한국경제신문

- **유키**　　　　한나의 사장

- **아즈미**　　　유키의 멘토

- **하야시다**　　한나의 제조부장 겸 집행임원

- **마사루**　　　유키의 사촌 오빠이자 한나의 경영기획실장

- **기무라**　　　한나의 경리과장

- **아사쿠라**　　한나의 영업부장

- **사가에**　　　한나의 디자인부장

- **사토미**　　　유키의 어머니

- **다카다**　　　한나의 주거래은행 지점장

# 차례

**들어가며**   위기의 순간일수록 회계의 기본으로 돌아가라 •8

**프롤로그**   세 번째 경영 위기 •14


**제1장**   비용절감만이 최선일까? •25

막다른 길에 몰린 회사 •27

지식은 넘쳐도 현실에선 무용지물 •30

지혜로운 사람은 역사를 통해 배운다 •32

5인 체제의 위기 •35

매출과 비용은 절대적인 관계일까 •37

Key Point   **회계공준이 회계 수치를 왜곡시킨다** •41


**제2장**   아무것도 하지 않아도 배는 고프다 •43

이익은 어디에서 오는가 •45

인건비를 줄이면 이익이 증가할까 •51

프랑스 고급 레스토랑을 분석하다 •54

고정비를 줄이면 어떤 결과를 얻을까 •58

사업에도 균형 있는 영양 섭취가 필수다 •61

Key Point   **간접비, 고정비, 영업비용이란?** •68


**제3장**   회계는 현장에서 출발해야 한다 •71

마이너스 손익계산서를 손에 들다 •73

1억 8천만 엔의 적자 •75

고용과 이익의 상관관계 •79

왜곡된 손익계산서 •86

**제4장**　회계 자료에 숨겨진 비밀을 찾아라 • 91

반값에 인수할 수 있는 회사가 있다고? • 93

우량한 회사를 왜 팔려고 할까 • 99

문제는 현금흐름표 • 108


**제5장**　공장에는 현금이 잠들어 있다 • 111

현장으로 출발하다 • 113

우리에게 필요한 건 영업현금흐름 • 117

공장 곳곳에 정체된 재고들 • 120

손익계산서가 보여주지 못하는 공장 안의 활동 • 126

공장에 머물러 있는 재공품들 • 128


**제6장**　현금흐름은 거짓말을 하지 않는다 • 131

M&A를 둘러싼 음모를 파헤쳐라 • 133

독이 든 사과는 맛있어 보인다 • 135

제품 종류의 증가는 경영에 마이너스다 • 139

흑자에다 부채도 없는데 영업현금흐름은 마이너스? • 145

**Key Point** **이익의 질이란 무엇일까?** • 149


**제7장**　외화환산회계의 착시현상 • 153

주거래은행을 방문한 마사루 • 155

영문을 알 수 없는 자회사의 채무초과 • 158

똑같은 결산서도 정반대로 해석된다 • 162

**Key Point** **외화환산회계** • 164

제8장   공장 안의 활동을 가시화하라 • 167

  공장 활동의 부가가치를 분석하다 • 169
  부채 상환 일정이 다가오다 • 175

  Key Point   활동기준원가계산과 활동기준경영관리의
  한계와 지향해야 할 방향 • 178


제9장   전어와 참다랑어 뱃살, 어느 쪽이 더 돈벌이가 될까? • 181

  회사를 살리는 게 급선무 • 183
  세 가지 힌트 • 187
  드디어 실마리를 발견하다 • 191
  공장에 숨겨진 금맥 • 194


제10장   토끼는 왜 거북이보다 빠를까? • 201

  MMM사의 수수께끼를 풀다 • 203
  한나 베트남은 과연 도산 직전일까? • 209
  부채를 상환할 방법은 전어형 생산방식 • 212
  토끼와 거북이 • 220

  Key Point   1. 금융리스와 자산손상 처리 • 228
            2. 이익 창출 잠재력과 J 코스트 이론 • 230


에필로그   "이익이란 무엇입니까?" • 235

## 위기의 순간일수록
## 회계의 기본으로 돌아가라

회계 능력은 회계를 공부한다고 해서 터득할 수 있는 것이 아니다. 회계는 사람의 행위를 숫자로 표현하는 학문이므로 현장을 보지 않고 이론만 공부해서는 실무에 필요한 지식을 습득하기 어렵기 때문이다. 특히 관리회계는 경영을 위한 회계이므로 더더욱 실전에 필요한 사고력을 기르는 공부가 중요하다.

이러한 이유로 《회계학 콘서트 ①수익과 비용》과 《회계학 콘서트 ②관리회계》를 출판하기에 이르렀다. 두 권 다 스토리텔링 형식으로 회계는 눈속임 그림(착시현상을 이용한 기묘한 그림 – 옮긴이)과 같아서 결산 수치를 곧이곧대로 받아들여서는 안 되며, 회계 정보를 효과적으로 잘 사용하는 힘, 즉 회계 리터러시Literacy(어떤 분야에 관한 지식, 교양, 능력을 뜻함 – 옮긴이)가 중요함을 설명했다. 《회계학 콘서트》의 세 번째 이야기인 이 책에서는 다시 원점으로 돌아가 '회계의 기본'에 대해 생각하는 시간을 갖고자 한다.

회계 실무에서는 여전히 이상한 일이 벌어지고 있다. 예를 들어 전 세계적인 경기 불황의 방아쇠를 당겼다고 여겨지는 리먼 브라더스<sup>LB,</sup> Lehman Brothers Holdings Inc.는 파탄에 이르기 몇 년 전부터 이익이 계속 증가했고 도산 직전 기에는 4조 원이 넘는 이익을 계상했다.

이익이 발생했는데도 갑자기 도산한 이유는 무엇일까? 사람들은 그 원인을 서브프라임 모기지론<sup>Subprime Mortgage Loan</sup>(비우량 주택담보대출)에 두고 있는데 실은 다른 곳에 문제가 있었다. LB의 이익금은 4조 원이 넘었지만 차입금이 400조 원에 달했고 현금수지(영업현금흐름) 적자는 45조 원이 넘었다. 다시 말해 빚을 질수록 이익이 발생하는 구조였던 것이다. 이익을 내려고 이익의 10배나 되는 현금을 사용했고 그 자금을 차입금으로 보충해왔다. 다른 대규모 투자은행의 이익모델도 모두 이와 같다는 점에서 이는 매우 심각한 일이었다.

이러한 불합리한 이익모델이 오래갈 리 없다. 리먼 브라더스는 계산상의 이익만을 추구하며 행동한 것이다. 이 비뚤어진 사고방식이 지금의 범세계적인 혼란을 가져왔다고 해도 과언이 아니다. 그러나 비즈니스 사회는 여전히 이익 중심적 가치관이 우세하다. 이러한 시기에 우리는 '이익이란 무엇일까?'에 대해 다시 한번 생각해볼 필요가 있다.

또 다른 사례를 들어보면, 1990년대 일본은 장기적인 경기 불황(잃어버린 10년)에 대처하기 위해 인건비를 줄이기 위한 대책으로 노동자를 정규직에서 비정규직으로 바꿨다. 그리고 전 세계가 경기 불황에 돌입하자 비정규직 노동자가 대부분인 파견 사원을 돌연 해고했다.

회계적으로 표현하면 고정비를 삭감하고 손익분기점이 되는 매출액 수준을 낮춤으로써 이익을 내려고 한 것이다. 얼핏 보면 극히 당연한 결정이라 여겨진다. 하지만 여기에는 중대한 문제가 도사리고 있다. 이처럼 고정비를 변동비화함으로써 결과적으로 일본 기업의 체질을 악화시키고 말았기 때문이다.

우리가 평소 사용하는 '고정비'란 과연 무엇일까? 이 의문에 대한 심도 있는 고찰이 필요하다.

그밖에도 우리가 잘 안다고 생각했던 일들이 실은 착각인 경우가 허다하다. 예를 들어 대량생산 방식을 추진해온 제너럴모터스(GM)가 파탄에 이르고 소량생산 방식을 추진해온 도요타자동차가 세계 제일의 자동차회사가 된 이유는 무엇일까? 이익과 영업현금흐름이 같아도 경영에 어려움을 겪는 회사가 있는 반면 경영이 순조로운 회사도 있는데 그 이유는 무엇일까? 이런 일들은 종래의 회계이론으로는 명쾌하게 설명하기 어렵다.

이러한 문제에 대해 자세히 다루고 있는 이 책을 통해 많은 독자들이 차분히 생각해볼 수 있는 기회를 가지길 바란다.

21세기를 살아가는 경영자에게는 표면적인 회계이론에 현혹되지 않는 '참된 회계 능력'을 습득하는 일이 선결 과제라고 할 수 있다. 그리고 참된 회계 능력을 습득하려면 기본으로 돌아가서 회계의 바탕을 이루는 부분을 차분히 생각하는 사려 깊은 마음이 중요하다.

《회계학 콘서트》 시리즈의 주인공 야부키 유키는 어느덧 부하직원인 하야시다 고스케와 기무라를 지도할 수 있을 정도로 성장했다. 하지만 그런 때에 또다시 한나에 위기가 닥치고 만다. 설상가상으로 강력한 조력자이자 베일에 싸인 컨설턴트 아즈미 교수와도 연락이 닿지 않는 상황이다. 의지할 상대를 잃은 유키는 이번 3편에서 비로소 참된 회계 능력을 인정받는 시험대에 오르게 되는데, 독자들 또한 그러한 과정을 지켜보며 함께 회계에 대해 알아가고 성장해가는 재미를 느낄 수 있을 것이다.

회계의 기본에서 응용에 이르기까지 폭넓게 학습할 수 있도록 짜여 있는 이 책은 학교 수업에서는 맛볼 수 없는 '회계의 재미'를 실감할 수 있다고 확신한다.

하야시 아츠무

# 회계학 콘서트

# ❸ 고정비와 변동비

## 세 번째 경영 위기

    그 이탈리안 레스토랑은 아자부(麻市)의 맨션 안에 있었다. 엘리베이터에서 내려 무거운 문을 열고 들어선 그곳은 50제곱미터 정도의 방으로 되어 있었고 중앙에 소박한 테이블이 하나 놓여 있었다. 젊은 주방장이 환한 미소를 지으며 안내했다.

    "사토미 님이시죠? 아즈미 님이 기다리고 계십니다."

    그런데 그곳에는 아무도 없었다.

    사토미는 의아스러운 표정으로 주위를 두리번거렸다. 그때 방 한쪽 구석의 주방에서 스파게티를 만들고 있는 덥수룩한 머리의 한 남자가 눈에 들어왔다.

    "어머, 아즈미 선생님. 오랜만이에요."

    그녀가 말을 건네자 아즈미가 잠시 손을 멈추고 고개를 가볍게 숙였다.

    "선생님을 마지막으로 뵌 곳이 아마도 프랑스 니스Nice였지요?"

“그렇군요. 벌써 2년이 지났네요.”

“선생님, 날씬해지셨네요.”

사토미는 턱살이 빠진 아즈미를 부러운 듯이 바라보며 말했다.

“맛있는 식사를 하고 맛있는 와인을 마시면서 긴장감 넘치는 일을 계속하려면 근육을 만들어야 하니까요.”

아즈미는 사토미에게 알통 보이는 시늉을 하며 말했다.

“웨이트 트레이닝을 하시나요?”

“유키 어머니 눈에도 그렇게 보입니까?”

아즈미는 기쁜 듯이 웃으며 말을 이었다.

“이 스파게티 요리는 나폴리에 있는 친구에게 배웠습니다.”

아즈미는 완성된 스파게티를 접시에 담더니 마시다 만 샴페인 잔을 손에 쥔 채 테이블로 다가왔다.

“여기는 저만의 은신처입니다. 소중한 사람과 식사를 하고 싶을 때 주방장인 마치야마에게 떼를 써서 가끔씩 이곳을 이렇게 빌려 쓰곤 하죠.”

“어머, 멋져라. 그럼 오늘은 저를 위해서…?”

사토미는 기쁜 듯이 미소 지었다.

“그렇지요. 귀한 손님이니까요.”

“요리를 참 잘하시는군요.”

“안초비(지중해나 유럽 근해에서 나는 멸칫과의 작은 물고기를 발효시킨 젓갈 – 옮긴이)와 페페로치노<sup>Peperoncino</sup>(고추)를 곁들인 스파게티 요리라면 저를 따를 자가 없습니다.”

두 사람은 스파게티를 맛있게 먹기 시작했다.

"이 샴페인 정말 맛있어요."

사토미는 투명한 호박 빛깔 샴페인이 마음에 들었다.

"모엣&샹동$^{Moët\&Chandon}$이라는 이름을 가진 샴페인입니다. 신선한 과일 맛과 부드러운 신맛이 절묘하게 어우러진 최고의 걸작이라고 할 수 있지요. 자, 건배!"

아즈미는 샴페인 잔을 높이 들어올렸다.

"참, 그런데 처음에 전화가 걸려왔을 때는 당연히 유키일 거라고 생각했는데 받아보니 다른 목소리더군요."

"늙은 여자 목소리였다고 말씀하시고 싶은 거죠."

사토미는 어린아이처럼 양 볼을 불룩하게 내밀었다.

"아, 아니 그런 뜻이 아니라 제 휴대전화 화면에 유키에게 걸려온 전화라고 나와서 말이죠. 예전에는 이 번호로 유키에게서 전화가 자주 왔었거든요."

아즈미는 옛날을 그리워하는 듯한 표정을 지었다.

"그런데… 무슨 일이라도 있는 건가요?"

아즈미가 묻자 사토미의 표정이 갑자기 굳어졌다.

"조마조마해서 도저히 지켜볼 수가 없어요."

"한나가 어려운가요?"

아즈미는 스파게티를 포크로 찍어 숟가락에 올린 뒤 돌돌 말며 귀를 기울였다.

"선생님 덕분에 6개월 전까지는 한나의 실적이 순조로웠어요. 하지만 아시다시피 지금은 전 세계적으로 극심한 불경기잖아요. 하루하루가 살얼음판을 걷는 기분이에요."

"어느 회사라도 기복은 있기 마련입니다. 그 곤경을 어떻게 극복할지는 경영자의 능력에 달렸다고 할 수 있죠."

"유키는 매사를 자기 뜻대로 해야 직성이 풀려요."

"스스로 생각하고 스스로 결정하는 것은 바람직한 마음가짐이 아닌가요? 유키는 정말 훌륭한 경영자가 되었군요."

그러나 사토미는 고개를 저었다.

"스스로 결정하는 것은 좋은 일이라고 생각해요. 하지만 사람들의 의견에 귀를 기울이려고 하지 않는 것이 문제예요. 어쩜 그리 제아버지를 닮았는지 모르겠어요."

사토미의 푸념에는 한편으론 딸 유키에 대한 애정이 듬뿍 담겨 있었다.

"음, 그런가요? 유키는 주변 사람들의 이야기에 귀를 기울이는 경영자라고 생각했는데요."

아즈미가 아는 유키는 상대방의 말을 한마디도 놓치지 않으려고 필사적으로 귀를 기울이며 메모를 하는 극히 성실한 아가씨였다. 하지만 연간 매출액이 100억 엔이나 되는 회사의 경영자이다 보니 어느새 사람들의 의견에 귀를 기울이지 않게 되었는지도 모른다. 아즈미는 걱정이 되었다.

"혹시 유키가 자기가 마치 한나의 여왕이라도 된 듯 행동했나요?"

아즈미가 반농담조로 물었다.

"차라리 여왕이라면 괜찮을 텐데 마치 고집불통에 심술궂은 시어머니 같아요."

사토미는 눈살을 찌푸리며 말했다.

"예? 그건 가당치 않은 일이군요."

사토미의 입에서 연이어 생각지 못한 말이 흘러나왔다.

"아동복과 고급 여성복은 전혀 팔리지 않고 싸구려 옷만 겨우겨우 팔리고 있어요. 게다가 올해 들어서는 수주액이 작년의 반밖에 안 돼요. 제품원가도 전혀 낮아지지 않고 있으니 적자일 수밖에요. 그리고 도야마(富山) 공장은 숙련공이 많아 임금이 높아요. 그래서 파견 사원이나 시간제 근무자를 줄여야만 하는데 한 사람도 해고하려고 하지 않아요. 그뿐만이 아니에요. 재고도 여전히 많다고 해요. 그런 까닭에 부채가 증가해 은행에서 또 돈을 빌려야 하는 신세가 되고 말았다더군요."

사토미는 아즈미에게 한나의 현재 상태를 자세히 전했다. 사토미는 명목상 회장일 뿐 회사에 나가는 일이 거의 없다. 그럼에도 회사 상황을 잘 파악하고 있었다.

아즈미는 유키가 그날그날 있었던 일을 모두 어머니에게 보고한다고 생각했다.

그때 마치야마 주방장이 방울토마토와 모차렐라<sup>Mozzarella</sup>(하얗고 말랑말랑하고 탄력이 있으며 알갱이가 촘촘한 이탈리아 캄파니아산 치즈 - 옮긴이) 치즈 샐러드를 내왔다.

아즈미는 방울토마토를 하나 집어 입에 넣으며 말했다.

"유키가 어머니를 상당히 의지하는 것 같군요."

그러자 사토미에게서 뜻밖의 대답이 돌아왔다.

"천만의 말씀이에요. 그 아이는 항상 늦게 들어와요. 집에 오면 차라도 한잔하며 이야기를 좀 나누고 싶은데 자기 전에 먹으면 살이 찐다며 목욕하자마자 바로 잠자리에 들어요."

"그럼 이야기는 주로 아침에 합니까?"

"아니요."

사토미는 고개를 저었다.

"제가 일어날 때쯤에는 이미 외출하고 없어요."

"아, 그럼 유키랑 서로 이야기를 나눌 시간이 전혀 없다는 말씀인가요?"

"맞아요. 모녀간에 다정하게 이야기를 나눈 지가 백 년은 된 것 같아요."

사토미는 투덜거리며 방울토마토를 하나 집었다.

"그런데 회사에서 일어나는 일들을 어찌 그리 잘 알고 계세요?"

그러자 사토미는 잠시 식사를 멈추고 빙그레 웃었다.

"조카인 마사루 덕분이에요. 마사루가 하나부터 열까지 전부 이야기해주거든요."

"마사루?"

아즈미는 처음 듣는 이름이었다.

"아, 그러고 보니 선생님께는 아직 이야기한 적이 없네요. 마사루는 제 친언니의 장남이에요. 유키보다 세 살 많고 미국의 유명 비즈니스 스쿨에서 경영학 석사를 취득했어요. 언니가 정말 자랑스러워하죠."

"그런데 마사루가 한나에 대해 어떻게 그리 잘 알고 있습니까?"

아즈미는 의아스러운 표정을 지으며 물었다.

"한나의 경영을 도와주고 있어요. 마사루는 미국에서 일류 은행에 근무하다가 귀국한 뒤 컨설팅회사에 다녔는데 건강을 해쳐 그만두게 됐어요. 아시다시피 한나가 이 지경이고 해서 제가 6개월 전쯤 부탁했어요. 유키에게 힘이 되어주었으면 해서요. 지금은 임원 겸 경영기획실장이지만 머지않아 전무가 될 거예요."

반년 전 사토미는 너무나 기뻤다. 마사루가 한나에 들어오면 유키가 지금처럼 고생하지 않아도 될 거라고 생각했기 때문이다.

"처음부터 직책이 임원 겸 경영기획실장인가요?"

"네. 그것이 마사루의 입사 조건이었어요."

당시 마사루는 '한나를 일류 회사로 만들 자신 있습니다. 그러니 저를 임원 겸 경영기획실장 자리에 앉혀주세요'라고 단도직입적으로 말했었다.

"얼마나 믿음직스러운지 몰라요."

사토미는 마사루를 마음속 깊이 신뢰하는 듯했다.

"마사루에게 한나의 현재 상태를 들었겠군요."

"이건 유키에게는 말하지 마세요. 비밀이니까요."

사토미는 입에 집게손가락을 댔다.

"마사루가 다른 얘기는 하지 않던가요?"

아즈미가 묻자 사토미는 나지막한 목소리로 투덜댔다.

"한나의 직원들은 수준이 너무 낮아서 아무것도 모르는 아마추어 집단 같대요. 특히 제조 담당 임원인 하야시다는 쓸모없는 인간이라고 말하더군요."

"하야시다 말인가요…?"

아즈미는 이전에 신바시(新橋)에 있는 복어 가게에서 함께 식사했을 때의 일을 떠올렸다.

"꽤 유능한 청년이었다고 생각합니다만…."

아즈미의 말에 사토미는 손을 내저었다.

"그렇지 않아요. 마사루는 '그놈이 한나를 망친 장본인'이라며 엄청 화를 내더라고요."

"음… 그런가요?"

사토미는 포크를 접시 위에 놓더니 진지한 표정으로 말했다.

"저는 하야시다가 회사를 그만두었으면 해요. 선생님 생각은 어떠세요?"

"그건 유키가 결정해야 할 문제라고 생각합니다만…."

아즈미가 대답하자 사토미는 불만스러운 표정을 지으며 입을 다물었다.

때마침 테이블로 마치야마 주방장이 다가오더니 들고 온 레드와인 라벨을 아즈미에게 보였다.

"50&50(친콴따 에 친콴따)군."

마치야마는 소믈리에 나이프를 사용해 익숙한 솜씨로 코르크 마개를 땄다. 그러고는 붉은 와인을 잔에 따랐다. 아즈미는 천진난만한 표정을 지으며 와인을 한 모금 입 안으로 흘려넣었다.

"오, 정말 훌륭하군."

아즈미는 사토미를 잠시 잊고 이탈리아 와인 맛에 흠뻑 취했다.

"선생님 생각은 어떠시냐니까요?"

"아… 맞다, 하야시다 이야기를 하고 있었죠. 그전에 하야시다를 왜 그만두게 하고 싶으신 건가요?"

"유키가 무언가를 결정할 때마다 하야시다와 의논하는 것 같아요. 하지만 한나를 운영하는 데 그의 조언 따위는 정말 필요 없거든요."

아즈미는 자신의 귀를 의심했다.

"유키 어머니, 무슨 근거로 그렇게 확신하시나요?"

"마사루가 그렇게 말했어요. 마사루는 우수하니까 그의 판단이 틀림없을 거예요."

아즈미는 왠지 모를 불안감을 느꼈다. 사토미는 심각한 착각에 빠져 있는 게 아닐까….

그때였다. 아즈미의 호주머니에서 휴대전화 벨소리가 들렸다.

"잠시 실례하겠습니다."

아즈미는 자리에서 일어나 베란다로 나가 전화를 받았다.

다름 아닌 유키의 목소리였다.

"선생님, 상담을 좀 받고 싶은데 시간을 내주실 수 있나요?"

"무슨 일인데?"

"자세한 내용은 만나서 이야기할게요."

"알았어. 내일 오후 7시는 어때? 괜찮다면 전에 함께 갔던 일본 전통요리 가게에 예약을 해두지."

아즈미는 전화를 끊고 주황색 불이 밝혀진 도쿄타워를 지그시 바라보면서 유키와의 재회를 마음속으로 그려보았다.

제1장

# 비용절감만이
# 최선일까?

# 막다른 길에 몰린 회사

유키는 숨을 한 번 크게 들이쉬었다. 이곳은 이전에 한 번 온 적이 있었다. 그런데도 건물을 둘러싼 검은 담이 중후한 분위기를 자아내 선뜻 들어서기가 망설여졌다. 유키는 주뼛주뼛하면서 가게 안으로 들어가 아즈미의 동행임을 알렸다. 여종업원은 유키를 다다미 열 장 정도의 크기에 세간이 갖추어진 일본식 방으로 안내했다.

유키는 아즈미를 기다리는 동안 아즈미에게 회계를 배우기 시작한 7년 전 그때를 떠올렸다. 아즈미에게 처음 배운 것은 '회계 수치를 곧이곧대로 받아들여서는 안 된다'는 내용이었다. 당시 유키는 아즈미가 좀 이상한 사람이라고 생각했다. 하지만 지금은 아즈미가 한 말의 무게를 절실히 느끼고 있다. 아즈미는 '회계는 눈속임 그림과 같다'라고도 했다. 다시 말해 결산서는 겉으론 이상이 없다 해도 일단 의심해봐야 한다는 말이다. 확실히 결산서는 의심할수록 더욱 미궁에 빠져들게 된다.

최근에는 경리과장인 기무라가 작성하는 월별 결산 자료조차 정말 믿어도 될지 의문이 들어 견딜 수 없는 지경에 이르렀다. 그 보고가 떠오르자 유키는 한숨이 절로 나왔다. 지난달도 적자를 면치 못했기 때문이다.

7년 전 아즈미의 도움으로 한나의 실적은 빠르게 회복하는 듯했다. 그러나 그 후 컴퓨터시스템 문제가 발생해 한나의 체력은 저하됐다. 가까스로 문제점을 극복하고 이제 막 새로이 시작하려는 찰나에 전 세계적인 경기 불황이 한나를 덮친 것이다.

유키는 나름대로 여러 가지 수단을 강구해봤지만 효과가 없었다. 게다가 임원 회의에서는 하야시다와 신임 임원인 다바타 마사루가 날카롭게 각을 세우며 서로 한발도 양보하려 하지 않았다. 언제부턴가 한나 내부에서는 껄끄러운 분위기가 감돌았다.

오늘도 임원 회의의 분위기는 험악했다. 회의가 시작되자마자 마사루는 임원들을 앞에 두고 한나의 자금융통* 상황이 하루하루 줄타기를 하는 것과 같다는 말을 꺼냈다. 주거래은행이 추가 융자를 꺼리고 있어 한나는 언제 파탄에 이를지 모를 상황이라고까지 말했다.

회의를 시작하기에 앞서 협의할 때는 회사의 자금융통에 대해서는 유키가 설명하기로 되어 있었다. 그런데 마사루는 제멋대로 지껄여 댔다. 그뿐만이 아니었다. "자금융통이 이토록 어려운 것은 적자이기

---

★ **자금융통** : 사업 활동에서 발생하는 결제 자금의 과부족을 미리 예측하여 그날그날 결제에 지장이 생기지 않도록 필요한 자금을 운용, 조달하는 것.

때문입니다"라고 했다. 그리고 임원들을 향해 "적자의 원인은 순전히 매출보다 비용이 많기 때문이라고요. 이 어려운 상황에서 벗어나려면 비용을 더 줄여야만 합니다. 여러분은 이런 당연한 이치를 모른단 말입니까?"라고 고함을 질러댔다. 말투조차 상대를 깔보는 듯해서 듣기에 여간 거북한 게 아니었다.

마사루는 유키에게도 주저 없이 말했다.

"사장님은 불필요한 비용을 낭비하고 있는 걸 묵인하고 있습니다"라며 부하직원들 앞에서 노골적으로 비판했다. 마사루의 태도에서 한나의 대표이사이자 회장인 사토미의 추천으로 입사했다는 특권의식을 뚜렷이 엿볼 수 있었다.

마사루의 말투나 태도가 한나 임직원들의 신경을 거슬린 것은 말할 것도 없었다. 그러한 마사루에게 하야시다는 기죽지 않고 "NO"를 연발했다.

"비용을 줄이는 것이 가장 좋은 방법은 아니라고 생각합니다."

하야시다는 지금 한나에서 발생하고 있는 문제가 마사루의 생각처럼 그리 단순하지 않다고 보고 있었다. 회사는 복잡하고 또한 민감하다. 따라서 비용을 줄이고 싶다고 하여 바로 줄일 수 있는 것이 아니다. 유키도 하야시다의 말을 충분히 이해할 수 있었다. 하지만 어느 쪽 주장이 맞는지 좀처럼 판단이 서지 않았다.

그보다 유키에게는 더 심각한 고민거리가 있었다. 주거래은행의 다카다 지점장이 6개월 이내에 15억 엔을 상환하라고 정식으로 통보해왔기 때문이다. 아무래도 이번엔 진심인 듯했다.

# 지식은 넘쳐도
## 현실에선 무용지물

"늦어서 미안."

아즈미가 손수건으로 이마의 땀을 닦으면서 들어왔다. 그러고는 자리에 앉자마자 맥주를 컵에 따르더니 벌컥벌컥 맛있게 들이켰다.

"맥주는 역시 첫 잔이야. 유키도 그렇지?"

아즈미는 유키의 잔에도 맥주를 따랐다.

"실은 유키 어머니를 만났어."

"그랬군요. 어머니가 무슨 말씀 안 하시던가요?"

"유키를 적잖이 걱정하는 눈치시더군."

아즈미는 유키의 초췌한 얼굴에서 지금까지 경험한 적이 없던 근심으로 초조해하는 기색을 역력히 엿볼 수 있었다.

"유키, 주저하지 말고 고민을 털어놔 봐."

아즈미가 부드럽게 말했다.

"… 돈이 부족해요."

유키는 나지막한 목소리로 대답했다.

"다시 말해서 한나는 또다시 위기가 닥쳐 하루하루 자금융통에 쫓기고 있고, 실적은 날로 악화되고 있으며 직원들은 자기주장만 내세운다. 그 결과 회사는 점점 혼란에 빠져들고 있다. 그건가?"

아즈미가 유키의 고민을 정확히 집어냈다.

"유키는 이런 위기를 벌써 두 번이나 극복했잖아. 나는 유키가 왜 자신감을 잃어버렸는지 도대체 그 이유를 모르겠어."

가만히 듣던 유키는 핸드백에서 노트를 꺼내 아즈미에게 건넸다.

"이건 예전에 선생님께 배운 내용을 기록해둔 것으로 저에게는 경영지침서나 다름없어요."

아즈미는 유키의 노트를 펄럭펄럭 넘겼다. 거기에는 온도계와 현금제조기 등 메모가 빼곡했고 곳곳에 그림도 그려져 있었다.

"지금까지 몇 번이나 반복해서 읽었는지 몰라요. 그래서 완전히 숙지했다고 생각했어요. 하지만 기대한 결과가 나오지 않았어요. 게다가 사촌 오빠와 논쟁을 하는 사이에 선생님께 배운 내용조차도 뭐가 뭔지 알 수가 없게 됐어요."

유키는 힘없이 고개를 떨어트렸다.

"완전히 숙지했다고 생각했는데 실은 전혀 이해하지 못했다는 말이군."

"그럴지도 몰라요⋯."

"관리회계는 2년 정도 공부하면 상당 부분 이해할 수 있어. 하지만 막상 활용하려고 하면 이야기는 전혀 달라지지. 관리회계는 경영, 업무, 법률, 세금, 정보기술, 사람의 감정 등과 복잡하게 얽혀 있어. 다시 말해 관리회계는 범위가 넓을 뿐 아니라 깊이도 매우 깊다고 할 수 있지. 현재 유키는 관리회계 지식이 있지만 직접 회사를 경영하면서 눈앞에 놓인 문제를 해결할 수 없는 상황이라는 거지? 이유가 뭘까?"

잠깐의 틈을 두었다가 아즈미가 짧게 덧붙였다.

"그건 유키의 지식이 빌린 것이기 때문이야."

"빌린 지식이라고요?"

"맞아. 관리회계가 유키의 몸 일부분으로서 기능하지 못하고 있어."

유키는 그럴지도 모른다고 생각했다. 아즈미에게 배운 관리회계 지식은 머릿속으로 떠올릴 수는 있어도 관리회계 자체를 자유자재로 다룰 수는 없었다.

유키가 입을 열었다.

"그럼, 어떻게 해야 할까요?"

"스스로 생각해봐."

"……?"

아무리 머리를 짜내도 해답을 찾지 못했는데 또 스스로 생각해보라니 유키는 너무나 막막했다.

## 지혜로운 사람은 역사를 통해 배운다

"내 말 잘 들어봐. 유키가 지금까지 배운 지식은 옛사람들이 오랜 시간을 들여 생각해낸 회계 지식일 뿐 유키 자신이 노력해서 터득한 것이 결코 아니라는 거야. 다시 말해 빌린 지식에 지나지 않아. 무엇보다 유키 자신의 경험을 통해 관리회계 이론을 이해하는 것이 중요해. 그 과정을 통해 많은 것을 알 수 있기 때문이지. 예를 들어 관리회계가 얼마나 훌륭한지 그리고 얼마나 결함투성이인지도 말이야. 경험을 쌓음으로써 옛사람의 지식이 내 몸의 피와 살이 되고 또 가치관이 되는 거지."

결국 유키의 머릿속 지식은 모두 빌린 것이라는 이야기였다.

아즈미는 계속 설명했다.

"빌린 지식은 실전에서 전혀 도움이 되지 않아. 경우에 따라서는 흉기가 될 수도 있어."

"흉기라고요?"

유키가 되물었다.

"다른 사람을 불행하게 할 수도 있어."

유키는 다소 과장된 표현이라는 생각이 들었지만 잠자코 노트에 기록했다.

"경험은 무엇보다 소중한 자산이야. 다만, 여기서 한 가지 주의해야 할 것이 있어. 바로 자신의 경험만을 고집해서는 안 된다는 점이야. '어리석은 사람은 경험을 통해 배우고 지혜로운 사람은 역사를 통해 배운다*'고 하잖아."

---

★ 어리석은 사람은 경험에만 의존하지만 지혜로운 사람은 처음부터 실수를 범하지 않으려고 다른 사람의 경험, 즉 역사에 귀를 기울인다는 의미.

아즈미는 비스마르크<sup>Bismarck</sup>의 말을 인용했다.

"사촌 오빠 마사루는 경영학 석사에 컨설턴트 경험도 있으니 관리 회계 이론이 정립되어 있지 않을까요?"

"글쎄, 어떨까? 유키는 마사루와 굳이 경쟁할 필요도 없고 또 그의 의견을 곧이곧대로 받아들일 필요도 없어. 경영자로서 마사루의 능력을 판단하면 돼."

유키는 마음속 근심과 걱정이 다소 사라졌는지 얼굴빛이 환하게 바뀌었다.

"유키에게는 마사루를 진정한 회계 전문가로 키울 의무가 있어. 사장이니까 말이야."

아즈미가 미소를 지으며 말했다.

"자, 그럼 본론으로 들어가지. 경영자들은 회사가 위기에 처하면 경기가 좋지 않다는 둥, 인기 상품이 없다는 둥 어떻게든 그 범인을 찾고자 하는 경향이 있어. 하지만 그건 잘못된 생각이야. 자신이 뿌린 씨앗이 어느덧 시간이 지나 싹이 튼 것에 불과할 뿐이거든. 한나도 마찬가지야. 그래서 말인데 우리가 마지막으로 만났던 2년 전부터 오늘까지 있었던 일들을 간단히 들려줬으면 해."

유키는 이야기를 시작했다.

# 5인 체제의 위기

2년 전, 컴퓨터시스템에 문제가 발생한 이후 한나의 조직은 대폭 개편됐다. 경리와 영업 책임자가 회사를 떠났기 때문에 유키가 경리 부장을 겸임했고 기무라가 경리과장으로 승격됐다. 영업부장에는 단골 거래처들로부터 평판이 좋은 아사쿠라 슈이치를 발탁했다. 디자인부는 사가에 유카리가 부장으로 승격됐다. 그녀는 유키가 가장 기대하는 디자이너였다. 하야시다 고스케는 제조 담당 겸 집행임원으로 취임했다. 도야마 공장과 베트남 공장의 총괄 책임자이며 현재 유키의 오른팔로서 분투하고 있다.

유키는 이렇게 5인 체제로 한나를 이끌기 시작했다. 처음엔 순조로운 듯했다. 그런데 컴퓨터시스템(ERP패키지 등을 말함)이 정상적으로 작동하고 한나의 베트남 공장도 이제 막 궤도에 올라 속도를 내려는 찰나 경기가 급속히 악화되면서 매출액이 대폭 감소해 자금융통이 막혀버렸다.

그 결과 한나는 또다시 빚투성이 회사로 전락해 결국 사토미 명의의 부동산까지 담보로 잡혀야 했다. 사토미는 마지못해 도장을 찍었지만 그 대신 감시역으로 유키의 사촌 오빠인 마사루를 한나에 입사시켰다.

마사루에게는 결함이 있었다. 대기업을 상대로 한 컨설턴트로서의 감각을 아직 버리지 못하고 있었다. 고압적이고 말에도 가시가 있었다. 그러한 마사루를 직원들이 좋게 볼 리 없었다. 그러다 보니 직원들의 의욕은 날이 갈수록 떨어져갔다. 일 이전의 문제가 유키를 괴롭혔다.

"당기 실적이에요."

유키는 핸드백에서 A4 용지를 꺼내 아즈미에게 보였다.

아즈미는 숫자를 꼼꼼히 훑어봤다.

"정말 심각한 상태군."

"매출은 계속 감소하고 있고, 게다가 가격이 싼 상품밖에 팔리지 않는데 비용은 좀처럼 줄어들지 않고 있어요."

"유키 말대로 정말 매출은 감소했는데 비용은 전혀 변동이 없어. 그래서 적자가 됐다고 말하고 싶은 거지?"

"맞아요."

유키는 고개를 끄덕였다.

"이 자료를 보고 마사루는 뭐라고 하던가?"

"실적이 좋지 않을 때는 비용을 철저히 줄여야 하는데 사장인 내가 그 노력을 게을리한다고 했어요. 사실 저는 연필 한 자루도 낭비한 적이 없는데 말이죠."

유키는 기어들어가는 목소리로 대답했다.

아즈미는 큰 사기 술잔에 미지근한 정종을 따랐다.

"유키는 낭비를 한 적이 없어. 오히려 직원들이 싫어할 정도로 경비를 절약하고 있지. 그러나 마사루가 지적했듯이 한나는 적자야. 왜 적자인지 그 이유를 알 수가 없어. 그렇지?"

아즈미의 말에 유키는 고개를 끄덕였다.

## 매출과 비용은 절대적인 관계일까

"새로운 투자는 전혀 하지 않고 있고 또 모든 지급 전표는 제가 일일이 확인해요. 그러니 쓸데없는 지출이 있을 리 없어요."

유키의 목소리는 점차 작아졌다.

"전에 선생님께서 그러셨죠. '이익은 매출과 비용의 차액이고 이것이 회계를 어렵게 하는 원인'이라고요. 사실 그때는 무슨 말인지 이해할 수 없었지만 지금은 맞는 말이라고 생각해요. 그런데 생각하면 할수록 뭐가 뭔지 모르겠어요."

아즈미는 심각한 표정을 지으며 이야기하는 유키를 대견스럽다는 듯이 바라보면서 술잔을 계속 입으로 가져갔다.

"이제야 비로소 내 말의 의미에 대해 의문을 갖게 됐군. 회계에 종사하는 대부분의 사람들이 이익은 매출과 비용의 차액이라고만 생각하지. 유키도 그렇게 배웠고 말이야. 하지만 그 차액인 이익이 무엇을 의미하는지 그 누구도 생각하려고 하지 않아. 게다가 회계에 종사하는 사람들은 모두 '매출과 비용은 절대적으로 연결되어 있다'고 믿고 있어. 어리석은 환상일 뿐인데 말이야.”

“환상이라고요?”

유키가 몸을 앞으로 내밀며 물었다.

그러자 아즈미가 진지한 표정으로 유키에게 되물었다.

“설마, 매출과 비용이 서로 인과관계에 있다고 생각하는 거야?”

회계 교과서에는 1년간의 실적(이익)은 그 기간의 성과(매출)에서 그 매출을 달성하려고 행한 노력(비용)을 차감하여 계산한다고 쓰여 있다. 다시 말해 서로 인과관계가 있는 매출에서 비용을 차감한 결과이므로 이익은 그 기간의 실적으로서 의미가 있다.

‘이런 당연한 이치를 선생님은 왜 묻는 걸까…?’

유키는 도무지 이해할 수 없었다.

“물론이죠.”

유키가 대답하자, 아즈미는 고개를 좌우로 흔들었다.

“그 대답은 모순이야. 아까 유키는 비용을 낭비하지 않았다고 했어. 나 역시 유키가 그랬으리라 생각해. 그러나 결과는 적자였어. 다시 말해 회사 활동에 낭비가 많았다는 말이지. 이건 어떻게 설명할 거야?”

“……”

유키의 머릿속은 새하얗게 변했다. 아즈미는 유키에게 단호한 어조로 말했다.

“유키, 매출과 비용이 절대적으로 연결되어 있다고 생각한다면 경영자로서 실격이야.”

유키는 머리를 세게 한 대 얻어맞은 듯한 기분이 들었다.

"잠시 복습해보자. 전에 유키에게 20:80의 법칙에 대해 설명한 적이 있을 거야."

유키는 다시 낡고 오래된 노트를 펼쳤다. 그것은 2년 전 아즈미가 런던 중화요리점에서 강의한 내용이었다.

거기에는 '20퍼센트의 활동으로 80퍼센트의 성과를 창출하는 데 비해 나머지 80퍼센트의 활동으로는 20퍼센트의 성과밖에 창출하지 못한다'라고 쓰여 있었다.

유키는 활동을 비용으로, 성과를 매출로 바꿔서 생각해봤다. 사용한 비용 중 매출을 창출한 것은 기껏해야 20퍼센트고 나머지 80퍼센트의 비용은 그저 사용되었을 뿐이다.

유키는 자신의 생각을 아즈미에게 전했다.

"맞아. 예전에 나는 유키에게 손익계산서를 온도계에 비유하고 이익은 그 차액에 불과하다고 설명했어. 그런데 이 두 개의 온도계 사이에는 고작 20~30퍼센트 정도의 인과관계가 있을 뿐이야."

"하지만…."

유키는 이해가 되지 않아 아즈미에게 물었다.

"80퍼센트의 비용은 어디에 사용된 걸까요?"

"관리회계를 이해하려면 그 부분을 정확히 파악하는 게 중요해."

아즈미는 기쁜 듯이 미소 지으며 대답했다.

식사가 나왔다. 유키는 눈을 빛내며 허겁지겁 먹어대는 아즈미를 보면서 그에게 지급할 보수가 걱정되었다. 지금의 한나는 그에게 고액의 보수를 지급할 만한 여유가 없었다.

"보수 문제인데요….."

그러자 아즈미는 식사를 하면서 대답했다.

"내게 줄 보수 말이지? 유키, 최고의 서비스에는 최고의 보수를 지급해야 해. 이것이 규칙이고 또한 예의야."

아즈미는 계속 말을 이어갔다.

"하지만 이번에는 조언하지 않으려 해. 다시 말해 방관자로서 유키를 그저 지켜보려고 생각 중이야. 그렇다고 해도 맛있는 요리와 와인에는 돈이 들기 마련이니 성과가 나오면 그 정도의 대접은 받고자 하는데, 어때?"

아즈미는 그렇게 말하며 크게 웃었다.

Key Point

# 회계공준이 회계 수치를 왜곡시킨다

회계 정보를 경영의 의사결정에 사용하기에는 불안전한 측면이 있다. 여러 가지 원인을 들 수 있는데 여기서는 회계공준accounting standards의 비현실적인 면에 대해 설명하려 한다.

공준이란 학문적으로 옳다고 여겨져 증명이 필요 없음을 전제로 한다. 즉, 회계공준은 기업회계가 성립하는 전제조건이라고 할 수 있다. 일반적으로 기업실체의 공준, 계속기업의 공준, 화폐적 평가의 공준 등 세 가지를 가리킨다.

첫째, 기업실체의 공준은 '기업은 그 소유주와는 독립적으로 존재하는 하나의 회계 단위로 간주하고, 기업 자체가 회계의 주체가 된다'는 전제다.

둘째, 계속기업의 공준은 '기업은 영원히 도산하지 않는다'는 전제다. 이 전제에 따라 회사를 청산하기까지는 실적을 계산할 수 없으므로 인위적으로 일정 기간을 나누어(예를 들어 1년간) 기간별로 실적을 계산할 필요가 있다. 이를 '기간손익계산'이라고 한다.

셋째, 화폐적 평가의 공준은 '모든 기업 활동을 화폐 가치(금액)로 환산해서 평가한다'는 전제다. 이 전제에 따라 매출 25조 엔에 달하는 도요타자동차의 실적도 A4 용지 1장으로 표현할 수 있는 것이다.

우리는 이 대전제로 말미암아 회계 정보가 왜곡되어버린다는 사실을 깨달아야 한다. 특히 계속기업의 공준과 화폐적 평가의 공준은 관리회계 정보에 심각한 영향을 끼친다. 그 이유를 간단히 설명하면 다음과 같다.

먼저 계속기업의 공준이 문제가 되는 것은 말할 것도 없이 관리회계란 '경영자에게 경영에 필요한 정보를 제공하기 위한 회계'라는 점에서 비롯된다. 이와는 반대로 경영자의 첫 번째 사명은 '회사를 지속시키는 것'이다. 따라서 계속기업이라는 회계의 전제는 경영자의 사명과는 완전히 모순된다.

문제가 되는 다른 하나는 화폐적 평가의 공준이다. 관리회계는 기업 활동을 표현함과 동시에 문제를 밝혀 개선 활동으로 이끌어가려는 회계다. 그런데 업무 자료를 회계분개(매출, 비용 등의 계정과목)로 바꾸는 순간, 회계와 업무가 분리되어버린다.

예를 들어 프랑스 고급 레스토랑에서는 요리사들이 매일같이 몇십 가지의 재료를 사용해 몇십 종류의 요리를 만든다. 그런데 이 활동을 회계 정보로 바꾸는 순간 요리사가 일한 시간, 사용한 재료의 종류와 분량, 만든 요리의 이름이 각각 분리되어 매출과 재료비 등의 금액만이 결산서에 기재된다.

이와 같은 이유로 말미암아 회계 정보로는 주방에서 이루어지는 활동의 어떤 점을 보완하고 개선해야 할지 피드백할 수가 없다. 다시 말해 관리회계를 사용해도 PDCA(PLAN → DO → CHECK → ACTION)라는 경영순환주기가 제대로 기능하지 못하는 것이다.

이 책은 이와 같은 관리회계의 한계를 바탕에 두고 최신 관리회계 이론을 사용한 대응책에 대해 이야기 하고 있다. 부디 마지막까지 꼼꼼히 읽어주길 바란다.

# 제2장

아무것도 하지 않아도
배는 고프다

## 이익은 어디에서 오는가

유키는 사장실의 가죽 의자에 앉아 어제 아즈미와 나눈 이야기를 떠올렸다.

"이익이란 무엇일까?"

"80퍼센트의 비용은 어디에 사용됐을까?"

현재의 유키로서는 도저히 이해할 수 없는 내용이었다.

그런데도 아즈미는 이 의미를 유키 자신의 경험에서 찾아내야 한다고만 이야기해주고 해답은 가르쳐주지 않았다.

"이번에 나는 조언하지 않으려 해. 그러니 스스로 한번 생각해봐."

아즈미의 말이 유키의 가슴을 꾹 찔렀다.

시곗바늘이 8시 50분을 가리켰다. 머릿속이 뒤죽박죽인 채로 유키는 회의실로 향했다.

임원 회의실 안에는 이미 임원 전원이 모여 있었다. 유키가 자리에 앉자 경리과장 기무라가 결산서를 전원에게 배부했다. 아직 결산 작업이 끝나지 않은 상태라 하나 전체의 손익계산서와 제조원가명세서만 배부됐다.

임원들은 일제히 매출액과 이익을 나타내는 숫자부터 찾았다. 그들은 마치 채점이 끝난 시험지를 받은 학생들처럼 가장 먼저 실적(성적)을 알고 싶어했다.

임원 겸 경영기획실장인 마사루는 작은 전자계산기를 주머니에서 꺼내 계산을 하기 시작했다. 그리고 이따금 "음, 음" 하고 고개를 끄덕이며 자료에 무언가를 기록했다.

모두 자료를 확인하자 유키는 결산 개요를 설명하기 시작했다.

"보시는 바와 같이 전년도와 비교해서 매출액이 20억 엔이나 감소했어요. 매출액에서 변동비를 차감한 한계이익*은 12억 3천만 엔이 감소했고요. 그러나 고정비**는 8억 4천만 엔이나 증가했어요. 결과적으로 전기에 18억 9천만 엔이던 이익이 1억 8천만 엔의 적자가 되어버렸습니다. 이 적자를 해소하려면, 다시 말해 손익분기점[BEP, Break-Even Point]에 이르게 하려면 앞으로 매출을 6억 2천 5백만 엔 정도 늘려야 해요."

실제 매출과 손익분기점 매출과의 차이는 불황 저항력의 척도가 된다. 전기의 매출은 손익분기점 매출보다 54억 엔이 더 많았는데 당기에는 6억 엔이나 마이너스가 됐다. 그때 마사루가 자리에서 일어나

---

★ **한계이익** : 매출 금액에서 변동비를 차감한 금액.

★★ **고정비** : 조업도가 증가하거나 감소해도 총액은 변하지 않는 원가로 감가상각비, 고정자산세, 화재보험료, 리스료, 부동산 임차료, 임원의 보수나 지급이자 등.

신랄한 말투로 하야시다를 나무라기 시작했다.

"이 지경이 된 이유는 간단합니다. 도야마 공장이 경기 변동에 제대로 대처하지 못하고 있기 때문입니다. 아니, 이런 위기를 가벼이 보고 비용 절감에 대한 노력을 게을리했다고 해야 맞겠지요. 당신은 제조 부문의 책임자로서 도대체 무엇을 했습니까?"

마사루의 도발에 하야시다는 바로 맞받아쳤다.

"불필요한 비용은 최대한 줄였습니다."

"최대한이라니요? 아직도 제대로 사태 파악을 못하고 있군요. 게다가 당신은 회계를 전혀 이해하지 못하고 있어요. 자, 간단히 설명하겠습니다. 비용은 매출액과 비례해서 증감하는 변동비와 그 외의

**표 1**

### 한나의 손익계산서 개요

단위: 백만 엔, △은 마이너스

| | 전기 | 당기 | 증감 |
|---|---|---|---|
| 실제 매출액 | 11,500 | 9,500 | △2,000 |
| 변동비 | 7,525 | 6,750 | △775 |
| 한계이익 | 3,975 | 2,750 | △1,225 |
| 고정비 | 2,088 | 2,931 | 843 |
| 이익 | 1,887 | △181 | △2,068 |
| 한계이익률 | **34.57%** | **28.95%** | |
| 손익분기점 매출(BEP) | 6,039 | 10,124 | |
| 실제 매출액 − BEP | 5,461 | △625 | |

흑자를 만들려면 앞으로 매출을 6억 2천 5백만 엔 더 늘릴 필요가 있다

고정비로 나눌 수 있습니다. 예를 들어 재료비와 외주비는 변동비고, 제조비용, 판매비와 일반관리비, 지급이자는 고정비입니다. 지금 내가 문제로 삼고 있는 건 고정비입니다. 당신은 불필요한 비용을 줄였다고 했는데 정작 중요한 고정비는 감소하기는커녕 증가했단 말입니다. 문제는 바로 이거라고요."

마사루의 목소리가 회의실 안에 울려퍼졌다.

"혹시 마사루 실장님은 직원 급여에 칼을 대고 싶으신 겁니까?"

하야시다는 불안했다.

"맞습니다. 한나는 지금 위기 상황입니다. 비유하자면 폭풍우 속을 표류하는 조각배 같은 처지란 말입니다. 물도 식량도 없을뿐더러 배에 탄 사람들 무게로 배가 가라앉기 시작해 바닷물이 무릎까지 찬 상태라고요. 이대로는 전원이 몰살하고 말 겁니다. 하지만 만약 배에 탄 사람을 절반으로 줄이면 배는 침몰하지 않습니다. 자, 당신이라면 어떻게 하겠습니까?"

마사루는 하야시다를 시험하는 듯한 어조로 물었다.

"저는 어떤 상황이 닥치더라도 동료를 바다에 떠미는 짓 따위는 하지 않습니다."

하야시다는 의연히 대답했다.

그 말에 마사루는 하야시다를 경멸에 찬 눈초리로 바라보면서 다음과 같은 일화를 꺼냈다.

"카르네아데스Carneades의 널빤지라는 이야기를 아십니까? 배 한 척이 난파해서 승무원 전원이 바다에 빠지게 됐습니다. 승무원 한 사람이 가까스로 널빤지 조각을 발견해서 한숨을 돌리고 있는데 근처에 있던 동료 승무원이 그 널빤지를 잡으려고 했습니다. 하지만 그 널빤지는 두 사람의 무게를 감당할 만큼 크지 않았습니다. 승무원은 널빤지를 잡으려는 동료를 쫓아버렸습니다. 동료는 결국 파도에 휩쓸려 목숨을 잃고 말았지요. 그 후 승무원은 구조되어 살인죄로 재판을 받게 됐는데 결과는 무죄였습니다. 이건 극히 당연한 결과라고 생각합니다. 한나도 마찬가지입니다. 남아도는 인원은 바로 해고해야 합니다."

회의실 안이 무거운 분위기에 휩싸였다.

두 사람의 이야기에 가만히 귀를 기울이던 유키가 입을 열었다.

"직원을 감원하면 어떤 효과가 있나요?"

마사루는 득의만면한 표정을 지으며 화이트보드로 다가가 그림을 그리고는 설명을 시작했다(표 2).

"인건비★가 감소하므로 고정비를 나타내는 선은 이처럼 아래로 이동합니다. 그 결과 인건비가 감소한 만큼 이익이 증가하게 됩니다. 한나의 한계이익률은 28.95퍼센트입니다. 그러므로 고정비를 100만 엔만 줄여도 손익분기점 매출을 345만 엔 정도 낮추는 효과가 있습니다(100만 엔÷0.2895 = 345만 엔).

**한계이익 2천 750만 엔÷매출액 9천 500만 엔＝한계이익률 28.95%**

★ **인건비** : 직원을 고용함으로써 발생하는 비용

다시 말해 손익분기점 매출이 낮아지면 불황 저항력이 높아져 같은 매출일지라도 이익을 내기 쉬운 구조가 됩니다. 지금 추세로는 매출을 올리기가 쉽지 않습니다. 따라서 인건비부터 손을 대야 한다는 얘기죠. 유키, 아니 사장님은 이런 것도 모릅니까?"

유키를 경멸하는 말투였다.

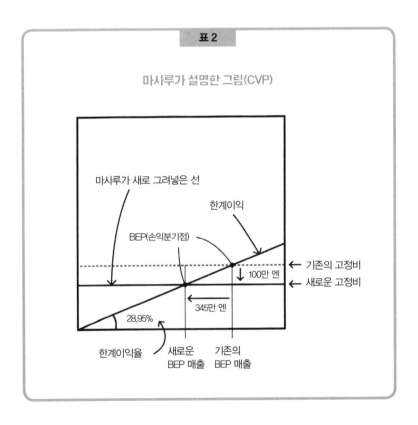

**표 2**

마사루가 설명한 그림(CVP)

마사루가 새로 그려넣은 선

한계이익

BEP(손익분기점)

← 기존의 고정비
↓ 100만 엔
← 새로운 고정비

← 345만 엔

28.95%

한계이익율

새로운
BEP 매출

기존의
BEP 매출

**회계학 콘서트 ❸** 고정비와 변동비

# 인건비를 줄이면
# 이익이 증가할까

그러나 유키는 화를 꾹 참으며 질문을 계속했다.

"삭감한 인건비 금액만큼 정말로 이익이 증가하나요?"

"지금 막 설명하지 않았습니까?"

마사루는 어처구니없다는 표정으로 화이트보드를 가리키며 똑같은 설명을 시작하려고 했다.

"그 이야기는 이해하고 있어요."

유키는 마사루의 말을 끊었다.

"자, 그럼 어떤 설명을 해야 만족하시겠습니까?"

마사루는 지긋지긋하다는 표정으로 되물었다.

"인건비를 줄여도 이익이 증가하지 않으면 어떡하나요?"

"사장님, 도대체 무슨 소리를 하시는 겁니까? 이익이 증가하는 건 불을 보듯 뻔하잖아요. 게다가 인건비 삭감이 가장 간단한 일이라고요."

유키는 마사루와 서로 의견이 맞지 않아 애가 탔다.

"인건비는 물론 고정비로 간주되는 비용은 매월 고정적으로 발생하는 그 어떤 이유가 반드시 있어요. 그 이유를 모른 채 무작정 인건비에 손을 댈 수는 없어요."

"그건 당연한 거 아닙니까? 직원들은 근로기준법*으로 보호를 받고 있고 리스료나 임차료도 일단 계약을 한 이상 일방적으로 취소할 수 없으니 매월 고정적으로 발생하는 것이지 다른 이유가 또 있습니까?"

마사루는 기가 막힌다는 표정으로 대답했다. 하지만 유키는 납득할 수 없었다.

"정말 그렇게 단순한 이유일까요?"

유키가 보기 드물게 감정을 드러냈다.

"단순하다니요? 농담도 정도껏 하세요. 제 말을 잘 들어보십시오. 정규직 사원**은 근로계약으로 보호를 받고 있으니 바로 해고할 수 없습니다. 하지만 파견 사원***은 한나의 직원이 아닙니다. 그러니 한나가 파견 사원에 지급하는 금액은 인건비가 아니라 외주비라고요. 담당 부서도 인사부가 아닌 구매부로 물건을 구입하는 이치와 같습니다. 필요 없으면 다음 달부터 발주하지 않으면 됩니다. 또 시간제 근무자는 직원이므로 간단히 해고시킬 수 없으나 대신 근무시간을 줄일 수는 있습니다. 그러고 보니 도야마 공장의 직원 중 40퍼센

---

★ **근로기준법**(노동기준법) : 회사가 근로자를 한 사람이라도 고용했을 때 적용되는 법률로 임금, 근로시간, 휴식, 휴일, 해고 등의 기본적인 규정이 정해져 있다.

★★ **정규직 사원** : 고용 형태에 따라 크게 정규직 사원과 비정규직 사원으로 나눌 수 있다. 이 가운데 비정규직 사원은 시간제 근무자, 촉탁 사원, 계약 사원, 아르바이트 등 그 회사에 고용된 사원과 다른 회사에 고용된 파견 사원, 위탁회사 및 하청업체 사원 등으로 구성된다.

★★★ **파견 사원** : 보통 인력 파견 회사에 지급한 비용은 '인력 파견비'나 '외주비'로 처리된다. 그러나 파견이라고 해도 근로시간의 대가라는 점을 생각하면 관리회계적인 측면에서 인건비의 일부로 취급해야 한다.

트가 정규직 사원, 30퍼센트가 시간제 근무자, 나머지 30퍼센트가 파견 사원이지요. 이럴 때를 대비해서 정규직 사원을 파견 사원이나 시간제 근무자로 대체한 것 아닌가요? 그럼에도 파견 사원을 해고하지 못하는 이유는 사장님이나 하야시다 부장이 정에 약하기 때문이라고요. 카르네아데스의 널빤지에 대한 일화를 떠올려보십시오. 파견 사원을 해고하면 한나는 금세 활력을 되찾을 겁니다."

그러자 하야시다가 떨리는 목소리로 마사루에게 반론했다.

"정규직 사원은 물론 시간제 근무자와 파견 사원 모두 한나에 필요한 사람들입니다. 우리는 정규직과 비정규직에 대한 차별을 두지 않고 기술자로서 기능을 향상시키고자 열심히 노력해왔습니다. 그 결과 모두가 인정하는 고급 어패럴 회사로 성장할 수 있었습니다. 그런 소중한 사람들을 해고시킬 수는 없습니다."

'맞아!'

유키는 마음속으로 부르짖었다. 하지만 시간이 흐르자 점차 자신이 없어졌다. 확실히 파견 사원에게 지급할 돈을 없애면 자금융통이 훨씬 수월해질 것이기 때문이다.

결국 어떤 결론도 얻지 못한 채 어수선한 상태로 회의가 끝나버렸다. 유키는 숨을 크게 쉬어보았지만 기분이 나아지지 않았다. 머릿속에 솜뭉치가 꽉 채워진 것 같았다.

멍하니 앉아 있던 유키는 아즈미에게 전화를 했다. 이번엔 직접적인 조언을 하지 않겠다고 선언했지만 힘들 땐 언제든지 찾아오라던 말에 위안이나마 얻고 싶어서였다. 아즈미는 유키가 어떤 상황인지다 안다는 듯이 흔쾌히 저녁 시간을 비워주었다.

유키는 의문점이 풀리지 않은 채 아즈미와 약속한 프랑스 고급 레스토랑으로 향했다.

## 프랑스 고급 레스토랑을 분석하다

롯폰기(六本木) 사거리에서 노기자카(乃木坂)를 향해 15분 정도 걸어가다 보니 아즈미가 말한 그 레스토랑이 있었다. 주위는 조용한 주택가로 언뜻 보기에 손님이 쉽게 들어갈 만한 가게가 아니었다.

유키는 조심조심 문을 열었다. 그러자 입구에 샴페인 잔을 한 손에 쥐고 주인으로 보이는 여성과 이야기에 푹 빠져 있는 아즈미가 보였다.

"용케 잘 찾아왔군."

아즈미가 미소를 지으며 유키를 맞았다.

"이 레스토랑은 부르고뉴<sup>Bourgogne</sup>(프랑스 중동부 지방 – 옮긴이) 지방 요리가 특히 맛있어. 주방장이 첫 번째로 꼽는 요리를 주문해두었으니 기대해도 좋아."

주인은 아즈미와 유키를 고상하고 품위 있는 스탠드가 놓인 자리로 안내하고는 와인 목록을 건넸다. 아즈미는 안경을 쓰고 작은 글씨를 읽어 내려갔다.

"도멘 안느 그로Domaine Anne Gros의 본 로마네 그랑 크뤼Vosne-Romanee Grand Cru 를 부탁해."

아즈미는 와인 목록을 여주인에게 되돌려줬다.

"자, 그럼 시작해볼까? 오늘부터는 유키가 스스로 생각하고 결론을 내야 해. 알겠지?"

유키는 고개를 끄덕였다.

"오늘도 인건비 문제로 옥신각신했어요."

유키는 아즈미에게 임원 회의에서 있었던 일을 설명했다.

"마사루는 인건비를 줄여야 한다고 주장하지만 유키와 하야시다는 이에 반대하는 입장이야. 하지만 마음 한구석에서는 마사루의 말도 틀리지 않다고 생각하고 있어. 그렇지?"

아즈미는 광천수를 마시면서 무엇이 즐거운지 연신 미소가 떠나지 않는 얼굴로 말했다.

"어떻게 그리 잘 아시나요?"

"한나는 가정적인 회사야. 그러니 가족 같은 사원들을 유키나 하야시다는 간단히 해고할 수가 없는 거지. 하지만 마사루는 전혀 그렇게 생각하지 않아."

"실적이 나쁘다고 사원들을 바로 해고해야 한다니 저는 도저히 이해할 수가 없어요."

유키는 입술을 깨물었다.

"유키의 마음가짐이 그러니 사원들이 따르는 거야. 하지만 때로는 냉혹한 결단이 필요할 때도 있어. 인정에만 이끌려서는 안 돼.”

아즈미는 유키의 눈을 보며 진지하게 말했다.

“마사루의 생각이 맞다는 건가요?”

“그렇지 않아. 유키도 마사루도 모두 관리회계를 수박 겉핥기식으로만 이해하고 있다는 말이야.”

유키는 미국의 일류 대학원에서 경영학 석사를 취득하고 컨설턴트 회사에서 경험을 쌓은 마사루도 관리회계를 이해하지 못하고 있다는 말에 놀라움을 감출 수 없었다.

소믈리에가 와인 병을 들고 왔다.

“이 사람이 안느 씨, 부르고뉴를 대표하는 양조자야.”

아즈미가 와인 병의 핑크색 라벨을 가리켰다. 거기에는 아름다운 여성의 일러스트가 그려져 있었다.

소믈리에는 군더더기 하나 없는 깔끔한 솜씨로 코르크 마개를 딴 뒤 아즈미의 잔에 와인을 따랐다. 달콤한 꽃향기가 주변을 가득 채웠다. 아즈미는 와인 잔을 시계 반대 방향으로 몇 번 돌리더니 이내 입으로 가져갔다.

“정말 훌륭한 맛이군. 하지만 이 와인의 맛을 최상으로 끌어내려면 이 상태로 30분 정도 기다려야 해. 그동안 우리는 이 레스토랑이나 견학해볼까?”

아즈미가 자리에서 일어나 유키를 주방으로 안내했다.

주방에는 세 명의 요리사가 분주히 일하고 있었다. 아즈미는 가장 나이를 먹은 듯한 남성에게 말을 걸었다.

"준이치 씨, 일하는 모습 좀 구경해도 되나?"

"그럼요. 괜찮고 말고요."

준이치는 요리를 만들면서 대답했다.

아즈미는 준이치가 프랑스에서 3년간 수행했고, 셋 중 가장 젊은 청년은 아직 수습생이라 식기와 채소를 씻거나 껍질을 벗기는 일을 담당하고 있으며, 마지막 한 사람은 준이치의 지시대로 요리를 만든다고 설명했다.

유키는 아즈미의 설명을 들으면서 세 요리사가 일하는 모습을 유심히 관찰했다.

"식당으로 가볼까?"

아즈미와 유키는 준이치에게 인사를 한 뒤 식당으로 향했다. 식당에는 여섯 개의 테이블이 놓여 있었고 각 테이블에는 손님들이 삼삼오오 즐겁게 식사를 하고 있었다. 이곳에서는 여주인과 세 명의 직원이 일하고 있었다. 그중 두 명은 주문을 받거나 요리를 나르거나 요리를 설명하는 일을 했다. 다른 한 명은 소믈리에로 그의 옷깃에는 포도송이를 본뜬 금빛 소믈리에 배지가 빛나고 있었다. 그리고 그 세 명을 효율적으로 활용함과 동시에 테이블을 돌며 손님을 접대하게 하고 식사를 마친 손님들에게서 음식 값을 받는 일이 여주인의 몫이었다.

# 고정비를 줄이면 어떤 결과를 얻을까

두 사람은 자리로 돌아왔다.

유키는 본 로마네 그랑 크뤼를 입에 머금었다. 달콤한 향기가 응축된 과일 맛으로 변해 있었다. 30분이라는 시간이 본 로마네 그랑 크뤼를 눈뜨게 했다.

"유키, 회사의 경영자로서 이 레스토랑을 살펴본 소감이 어때?"

아즈미는 푸른곰팡이 치즈를 한입 가득히 넣으며 말했다.

"역할 분담이 확실하고 게다가 어느 한 사람 불필요한 작업을 하고 있지 않다는 것에 감탄했어요."

"그건 당연해. 그들은 팀으로 일하고 있으니까. 그밖에는?"

유키는 잠시 생각했다.

"테이블도 샹들리에도 식기도 커튼도 모두 호화스러운데다가 청결하기까지 해서 과연 고급 레스토랑다운 면모라고 생각했어요."

유키의 대답에 아즈미는 흐뭇한 미소를 지으며 맞장구를 쳤다.

"싼 물건은 하나도 없고 볼펜까지 최고급으로 구비하고 있으니 돈이 많이 들어갔을 게 뻔해."

아즈미가 또 물었다.

"한마디로 말해서 그들은 무엇을 하고 있을까?"

뭐라고 꼭 집어서 대답하기 어려운 질문이었다.

"프랑스 고급 레스토랑을 운영하고 있다고 생각하는데요."

"맞아. 그럼 그것을 경영과 회계로 표현하면 어떻게 될까?"

"……."

유키는 또다시 머리를 감쌌다. 어떻게 대답해야 할지 도무지 생각이 나지 않았다.

"이곳의 세트 메뉴는 1만 5천 엔이야. 아까 유키가 본 채소, 생선, 고기가 요리의 재료지. 원가는 1인분에 5천 엔도 안 할 거야. 하지만 여기 오는 손님은 '싸다'고 생각하고 기꺼이 돈을 지급하지. 왜일까?"

"만족하고 있어서인가요?"

"맞아. 이 가게는 가치를 제공하고 손님은 만족의 대가로 비싼 대금을 지급하는 거지. 그럼 그 가치는 누가 만들고 있을까?"

유키는 잠시 망설이다가 대답했다.

"주방장인 준이치 씨 아닐까요?"

"과연 그럴까? 준이치 씨가 이 가게의 대들보라는 점에는 의심의 여지가 없어. 하지만 이 가게를 지탱하고 있는 사람이 그만은 아니야. 만약 요리사 중 두 명이 가게를 그만두면 어떻게 될까?"

확실히 이 고급 레스토랑의 주방을 꾸려나가려면 준이치 한 명으로는 벅찰 것이다.

"한 명이라도 그만두면 매출이 줄어들 게 뻔해요."

유키가 대답하자 아즈미는 살며시 미소를 띠었다.

"식당도 마찬가지야. 만약 샹들리에가 형광등이거나 신용카드로 결제하려고 서명할 때 100엔짜리 볼펜을 손님에게 내민다면 1만 5천 엔을 지급하는 손님의 마음은 어떨까?"

"이 고급 레스토랑에 형광등이나 싸구려 볼펜은 전혀 어울리지 않아요."

그제야 유키는 이해가 됐다.

"자, 그럼 여기서 회계에 관한 질문을 할게. 이 가게의 인건비, 건물 임대료, 리스료, 전기료, 소모품비는 왜 고정비일까?"

레스토랑 견학을 마친 지금의 유키에게는 대답하기 수월한 질문이었다. 이러한 비용들은 이 고급 레스토랑을 계속 꾸려나가는 한 손님이 오든 말든 지출된다. 그러니까 고정비다.

"맞아. 아까 유키가 본 것처럼 프랑스 고급 레스토랑을 꾸려나가려면 재료를 구입하고, 조리하고, 요리를 나르고, 대화로 손님을 즐겁게 하고, 음식 값을 받기까지 일련의 활동들이 이루어지지. 보통 간접비* 또는 영업비**라고 일컫는 비용은 사업을 계속해나가려면 어쩔 수 없이 지출되기 마련이야. 그래서 고정비인 거지."

유키는 임원 회의를 떠올렸다. 정규직 사원은 물론 시간제 근무자와 파견 사원 모두 한결같이 하나의 비즈니스 프로세스를 지탱하고 있다는 점에서는 의심의 여지가 없다. 따라서 파견 사원에 소요되는 비용일지라도 그것이 회계상 임금이든 외주비든 사업을 계속 영위하는 한 경솔히 줄여서는 안 된다.

---

★ **간접비** : 제품이나 주문서 등 특정한 단위와 직접적인 관련이 없는 비용.

★★ **영업비용(Operating Expense)** : 재료와 외주비를 제외한 모든 비용.

유키는 개운하지 않던 감정이 한꺼번에 사라지는 듯했다.

"어느 정도 생각이 정리된 듯하군. 그러나 아직 결론을 내리기에는 일러."

아즈미는 본 로마네 그랑 크뤼를 한 모금 마셨다.

테이블에 푸아그라(거위나 오리의 간으로 만든 프랑스 요리 - 옮긴이), 테린(잘게 썬 고기, 생선 등을 그릇에 담아 단단히 다진 뒤 차게 식힌 다음 얇게 썰어 전채요리로 내는 음식 - 옮긴이)이 놓였다. 아즈미는 푸아그라를 포크 끝부분으로 잘라 입으로 가져갔다.

"정말 맛있군."

아즈미는 게 눈 감추듯 후다닥 먹어치웠다.

## 사업에도 균형 있는 영양 섭취가 필수다

"고정비라고 일컫는 비용이 사업을 영위하기 위한 비용이라는 것은 이해한 것 같군. 참, 내가 말야. 얼마 전 병원에서 대사증후군Metabolic Syndrome(인슐린이 제대로 만들어지지 않거나 인슐린이 제 기능을 하지 못해 여러 가지 성인병이 복합적으로 나타나는 증상 - 옮긴이) 검진을 받았어."

아즈미는 유키의 푸아그라에까지 손을 뻗으면서 갑자기 화제를 바꿨다.

"그때 재미있는 사실을 하나 발견했지. 신장과 체중, 나이를 통해 그 사람의 기초대사량을 계산할 수 있다는 거야. 검사해보니 나는 1천 500킬로칼로리였어. 온종일 아무것도 하지 않고 가만히 있기만 해도 이 정도의 열량이 소모된다는 거야. 그래서 그럼 일을 할 때는 어떻게 되는지 물었지. 2천 400킬로칼로리 정도라고 가르쳐주더군. 그러므로 섭취 열량을 2천 400킬로칼로리 이하로 유지하면서 운동을 하면 살이 빠진다고 가르쳐주더라고."

아즈미는 와인을 잔에 따르고 설명을 계속해나갔다.

"그래서 내가 이렇게 받아쳤어. 그렇다면 나는 내가 가장 좋아하는 치즈와 와인만 2천 400킬로칼로리만큼 매일매일 섭취하겠다고. 그러자 영양사가 무서운 표정으로 그건 절대 안 된대. 반드시 탄수화물, 지방, 단백질, 비타민, 무기염류, 식이섬유를 균형 있게 섭취하라는 거야."

아즈미는 껄껄거리며 큰 소리로 웃었다.

유키는 아즈미가 무엇을 말하려고 하는지 이해했다.

사람에게 균형 있는 영양 섭취가 필요하듯 회사가 사업을 계속 영위하려면 여러 가지 비용이 필요하다. 레스토랑으로 보면 인건비, 건물 임대료, 리스료, 광열비가 이에 해당한다. 인건비(종업원)만으로는 레스토랑을 유지할 수 없다. 여기까지 생각이 이르자 유키의 머릿속에 가득했던 의문이 눈 녹듯 풀렸다.

'맞아!'

적자를 없애려고 인건비만 줄이는 것은 체중을 줄이려고 와인과 치즈만 먹는 것과 마찬가지다. 인건비만 줄이면 회사의 영양 균형 상태는 깨져버린다. 그러면 한나의 실적은 분명 점점 더 악화될 것이다.

유키는 자신의 생각을 아즈미에게 설명했다.

"그렇지. 여러 경영자원(비용)＊을 균형 있게 사용해야 가치를 창출할 수 있어. 자, 그럼 다음 질문이야. 불경기가 계속되어 레스토랑 손님이 절반으로 줄어들었다고 가정하자. 종업원들의 근무시간 역시 절반으로 줄었고 말이야. 하지만 매출이 절반으로 줄어도 소요되는 비용은 변하지 않아. 이때의 비용은 도대체 어디에 사용됐을까?"

아즈미가 예로 든 설명은 현재 한나의 상태를 그대로 나타내고 있었다. 유키는 지금까지 아즈미와 나눴던 이야기를 떠올리며 머릿속에서 생각을 정리하기 시작했다.

손님은 레스토랑이 제공하는 가치에 대해 돈을 지급한다. 그 가치를 만들려면 비용이 든다. 하지만 레스토랑을 유지하기 위한 비용은 가치를 제공하지 않아도, 즉 매출과는 상관없이 고정적으로 발생한다.

'과연!'

유키는 핸드백에서 노트를 꺼내 재빠르게 넘겼다.

---

＊ **경영자원** : 일반적으로 '사람, 물건, 돈, 정보'를 가리킨다. 이 경영자원을 조달하여 효과적으로 배분하고 적절하게 조합하여 회사를 존속시키는 것이 경영자의 임무라고 할 수 있다. ERP(전사적 자원관리: Enterprise Resource Planning)라는 개념은 경영자원의 유효적절한 활용을 위해 생겨난 개념이다.

**80퍼센트의 활동은 20퍼센트의 가치밖에 창출하지 않는다.**

다시 말해 아무것도 하지 않아도 비용은 들기 마련이니 그 비용을 어떻게 사용할지가 문제다.

유키는 자신 있게 대답했다.

"맞았어. 그런데 사실 대놓고 말할 수는 없지만 이 레스토랑도 가치를 창출하지 않는 활동이 많아서 경영에 어려움을 겪고 있을 거야."

아즈미가 다른 사람들에겐 들리지 않도록 속삭이듯 말했다.

"정말로요?"

"영업시간은 저녁 7시부터 밤 11시까지 4시간이야. 비가 내리면 예약이 취소되기도 해. 손님의 주문에 따라서는 간혹 요리하는 시간이 오래 걸리기도 하고 그동안 종업원은 하는 일 없이 기다려야 하지. 게다가 나처럼 와인을 좋아하는 손님만 오는 건 아니야. 술을 마시지 않는 손님도 있어. 그리고 내가 보건대 주방에서 일하는 세 명과 홀에서 일하는 네 명의 종업원들 움직임에는 불필요한 행동이 많아."

유키는 아즈미의 관찰력에 혀를 내둘렀다.

가리비와 송이버섯 소테(고기, 생선, 채소 등을 버터나 샐러드유 등으로 살짝 볶은 요리 - 옮긴이)가 테이블에 놓이자 아즈미는 눈 깜짝할 새 먹어치웠다.

"가치를 창출하지 않는 활동은 줄여야 해."

아즈미는 빵을 손으로 찢으며 말했다.

"유키는 고용을 유지하고 싶다고 했지? 부디 그 마음을 잊지 말도록 해. 하지만 현실은 냉혹하지. 공장의 생산량이 30퍼센트 감소하면 아마도 하루 중 제품을 만드는 시간은 5시간이면 충분할 거야. 그렇다면 남은 3시간은 낭비인 셈이지. 다시 말해 직원 수가 200명이고 임금률*을 1천 엔이라고 가정하면 하루에 60만 엔, 1년에 1억 8천만 엔이 사라져간다는 말이야. 이는 인건비에만 국한되는 것이 아니라 설비도 가동을 멈추기 때문에 손실은 족히 2억 엔을 초과한다고 봐야 해. 아무것도 하지 않아도 이처럼 비용은 드는 거지. 자, 그럼 어떻게 하면 고용을 유지하면서 지금의 위기를 극복할 수 있을까?"

아즈미는 잠시 식사하던 손을 멈추고 말했다.

"그 방법은 당연히 제가 생각해야겠네요?"

유키가 자신 없는 목소리로 되물었다.

"비관할 필요는 없어. 이 세상에 해결할 수 없는 문제 따위는 존재하지 않으니까 말이야. 게다가 유키에게는 뛰어난 동료들이 있잖아."

아즈미가 대답했다.

여주인이 커피와 달콤한 디저트 와인을 내왔다.

"슬슬 가게 문을 닫을 시간이군. 유키에게 한 가지 문제를 제시할까 해. '이익이란 무엇일까?'에 대해 생각해봐. 쉽다면 쉽고 어렵다면 어려운 문제일 수도 있는데 유키가 경영자로 있는 동안 그 해답을 꼭 찾아야만 해."

---

★ **임금률** : 시간, 분, 초당 인건비. 급여는 물론 상여금, 퇴직금, 사회보험료의 회사 부담분 등을 포함해 계산.

유키는 즉시 노트에 기록했다.

"자, 그럼 이만 일어날까?"

아즈미가 자리에서 막 일어난 순간이었다. 갑자기 아즈미의 몸이 흔들리더니 그 자리에 무너지듯 쓰러졌다. 아즈미는 바닥에 엎드린 채 미동도 하지 않았다.

유키는 너무 놀란 나머지 소리를 지르며 주변에 도움을 요청했다. 그러자 중년으로 보이는 손님이 달려왔다. 그 손님은 "저는 의사입니다"라고 말한 뒤 아즈미의 맥박과 호흡을 확인했다. 아즈미가 힘없이 입술을 달싹거렸다. 의사가 아즈미의 입 근처에 귀를 갖다 댔다. 그러더니 둘러싼 사람들을 향해 큰 소리로 외쳤다.

"서둘러 택시를 불러주십시오!"

여주인은 급히 휴대전화를 꺼내 전화를 걸었다. 5분도 채 지나지 않아 택시가 도착했다. 의사가 아즈미를 끌어안고 뒷좌석에 올라타자마자 택시가 출발했다. 택시에 타려던 유키는 혼자 남겨졌고 경황 없이 택시의 뒤꽁무니만 쳐다보고 있었다.

아무것도 하지 못한 채 그 자리에 멍하니 서 있는 유키에게 여주인이 다가와 말을 걸었다.

"아가씨, 선생님은 괜찮으실 거예요. 그리고 음식 값도 이미 받았어요."

'병원에 따라갔어야 했는데….'

그러나 너무 순식간에 일어난 일이라 당황한 나머지 아무것도 할 수가 없었다.

"어느 병원으로 갔나요?"

"글쎄요."

여주인은 미안하다는 듯한 표정을 지었다.

유키는 가까스로 정신을 추스르고 롯폰기 거리로 나와 택시를 잡아탔다.

## 간접비, 고정비, 영업비용이란?

간접비, 고정비, 영업비용 등과 같은 전문용어는 뜻밖에도 애매하게 사용되는 일이 많다. 직접비와 간접비는 '어떤 것'에 대해 비용을 직접적으로 집계할 수 있느냐 없느냐로 구분된다. '어떤 것'의 전형적인 예가 바로 제품이나 서비스다.

여러 종류의 제품을 제조하는 기업의 경우 공장이나 건물의 감가상각비, 생산관리 부문이나 구매 부문 등의 간접 부문에 드는 비용 등이 간접비다. 또 판매비와 일반관리비도 간접비다.

'어떤 것'은 제품이나 서비스에만 국한되지 않는다. 예를 들어 제조지시서와 주문서도 중요한 원가 집계 대상(단위)이다. 따라서 원가 집계 대상을 무엇으로 하느냐에 따라 직접비와 간접비의 내용은 달라진다.

다음은 변동비와 고정비의 차이에 대해 설명하려 한다. 이 두 가지는 매출액, 생산량, 기계 가동시간, 작업시간 등의 조업도에 대해 변동적이냐 고정적이냐가 다를 뿐이다. 이 구분 역시 어느 조업도를 취할 것인지에 따라 내용이 달라진다. 그리고 영업비용은 재료비와 외주비 등 엄밀한 의미로 따지면 매출에 따라 변동하는 비용, 즉 진정한 변동비 이외의 모든 비용을 총괄한 개념이다. 현금창출회계Throughput Accounting에서 자주 사용되는 용어다.

프랑스 고급 레스토랑을 이번 장에서 거론한 까닭은 종종 간접비, 고정비, 영업비용이라고 표현되는 비용의 본질이 '가치 교환 활동 유지비'라는 점을 설명하고 싶었기 때문이다.

경영 활동에 중점을 두고 생각하면 비즈니스 프로세스는 원재료에 가치를 부여해 제품 그리고 현금으로 바꾸는 일련의 과정, 즉 가치사슬Value Chain이다.

이 과정에는 여러 가지 활동들이 이루어진다. 그리고 이 활동들에는 비용이 소요된다. 이 비용이 바로 간접비이자 업무비Running Costs고 모두 고정비로 분류된다.

1장의 **Key Point**에서 설명했듯이 전통적인 관리회계는 이 비즈니스 프로세스에서 이루어지는 활동을 눈에 보이게 할 수 없다는 치명적인 결함을 안고 있다(41~42쪽 참고). 그럼에도 이론도 그렇고 실무 역시 이 결함을 오랫동안 애매한 상태 그대로 내버려두었다. 이러한 배경에서 등장한 것이 활동기준원가계산ABC, Activity Based Costing과 활동기준 경영관리ABM, Activity Based Management다.

이 책은 ABC와 ABM을 자세히 다루고 있으므로 여러 번 읽고 꼭 숙지하길 바란다.

# 제3장

# 회계는 현장에서
# 출발해야 한다

## 마이너스 손익계산서를 손에 들다

　사토미는 유키가 돌아오기를 애타게 기다리고 있었다. 유키에게서
아즈미가 병원으로 이송됐다는 연락을 받고 심장이 멎는 듯한 충격
을 받았다. 며칠 전에 만났을 때는 매우 건강해 보였는데….

　'혹시 남편과 같은 병이 아닐까….'

　사토미는 불길한 예감에 휩싸였다. 골프를 하던 도중 급성 심근경
색으로 쓰러진 남편의 일을 떠올리다가 이내 고개를 흔들어 떨쳐냈다.

　초인종 소리가 들린 후 유키가 파김치가 되어 들어섰다.

　"어서 와. 아즈미 선생님은 좀 어떠시니?"

　"조금 전 레스토랑에서 연락이 왔어요. 의식이 돌아왔대요."

　"병원이 어딘데?"

　사토미는 병문안을 가려고 생각했다. 하지만 유키는 아즈미가 어
느 병원으로 이송됐는지까지는 알지 못했다.

　"마침 레스토랑 손님 중에 의사가 있어서 택시를 타고 급히 병원으

로 가셨어요. 방금 레스토랑 주인한테 의식을 회복했다는 연락을 받았는데 그 소식만 전할뿐 아즈미 선생님이 입원한 병원은 자신도 어딘지 모른대요….”

그러자 사토미가 의아스러운 듯한 표정을 지으며 물었다.

“유키, 좀 이상하지 않아? 아즈미 선생님이 갑자기 쓰러졌는데 구급차가 아니라 택시를 타고 병원에 가다니…. 별로 대수롭지 않은 상황이었던 거 아닐까?”

유키는 아즈미에게 전화를 걸어봤다. 하지만 휴대전화 전원이 꺼져 있다는 안내 멘트만 흐를 뿐이었다.


이튿날, 유키는 출근하는 길에 같은 아파트 2층에 사는 아즈미의 집을 기웃거려봤지만 역시나 인기척을 느낄 수 없었다. 아즈미는 병원으로 이송된 채 아직 돌아오지 않은 모양이었다.

‘어떻게 된 거지?’

어디가 어느 정도나 편찮으신 건지 걱정이 되는 한편 연락마저 끊겨 애가 탔다.

# 1억 8천만 엔의 적자

회사에 도착하자 책상 위에 당기 브랜드별 손익계산서*가 놓여 있었다. 이 자료는 유키의 지시로 2년 전부터 기무라가 맡아 작성했다.

한나에는 고급 여성복과 아동복 그리고 값싼 캐주얼웨어까지 세 개의 브랜드가 있는데 캐주얼웨어는 생산 자회사인 한나 베트남에서 수입하고, 다른 두 개의 브랜드는 도야마 공장에서 만들고 있다. 브랜드별 손익은 제조간접비**는 물론 판매비와 일반관리비도 합리적이라고 생각되는 기준으로 세 개의 브랜드별로 배분하여 계산했다.

유키는 브랜드별 손익계산서를 쓱 한번 훑어봤다. 아동복의 적자가 커서 다른 브랜드의 이익을 상쇄하고 있었다. 마사루가 이 점을 가차 없이 파고들 것이 뻔했다.

시곗바늘이 8시 45분을 가리켰다.

유키는 기무라가 준비한 자료를 가지고 임원 회의실로 향했다. 회의실 안에는 마사루 경영기획실장, 하야시다 제조부장, 사가에 디자인부장, 기무라 경리과장, 그리고 아사쿠라 영업부장이 기다리고 있

---

★ **손익계산서** : 사업 부문별 손익계산서와 같다. 회사 이익의 원천은 '사업'이므로 각 사업이 이익을 내고 있는지를 정확히 알아야 한다.

★★ **제조간접비** : 특정 제품을 직접 추적하여 확인할 수 없는 제품원가, 간접경비는 물론 간접재료비와 간접노무비를 총괄한 개념.

었다.

유키가 자리에 앉자 마사루가 마치 기다리고 있었다는 듯이 입을 열었다.

"사장님, 회사를 살릴 묘책은 찾아냈습니까?"

말투에 유키를 깔보는 느낌이 분명하게 드러났다. 하지만 유키는 마사루의 도발에 말려들지 않고 차분히 대답했다.

"오늘은 그 점을 여러분과 함께 검토하려고 해요. 그래서 기무라 과장에게 자료를 작성하도록 지시했어요."

기무라가 PC의 마우스를 클릭하자 화이트보드에 브랜드별 손익계산서가 나타났다(표 3).

"이 자료는 전기와 당기의 브랜드별 손익을 나타낸 거예요. 특히 최근 1년 동안 아동복의 매출이 아주 형편없었어요."

전 임원이 손익계산서를 뚫어지게 바라보았다. 아동복 매출액은 전기와 비교해서 15억 엔이나 감소했다. 매출액에서 재료비와 외주비(변동비)를 차감한 한계이익도 그 절반인 7억 5천만 엔에 지나지 않았다. 경기 불황으로 말미암아 인기 상품 가격대가 저가품으로 옮겨 가고 있기 때문이었다. 그런데 고정비는 전기보다 증가했다. 그러한 탓에 한계이익으로 고정비를 회수할 수 없게 되어 아동복 부문의 적자는 7억 8천만 엔이나 됐다. 이는 지난번 임원 회의에서 마사루가 지적한 내용이기도 하다.

"회사 전체의 적자는 1억 8천만 엔이에요. 어떻게 하면 이 적자를 제로로 만들 수 있을지 지혜를 모아주세요."

한나의 브랜드별 손익계산서

단위: 백만 엔, △은 마이너스

| 전기 | 아동복 | 여성복 | | 합계 |
|---|---|---|---|---|
| | | 고급품 | 캐주얼웨어 | |
| 실제 매출액 | 3,000 | 6,000 | 2,500 | 11,500 |
| 변동비 | 1,500 | 3,900 | 2,125 | 7,525 |
| 한계이익 | 1,500 | 2,100 | 375 | 3,975 |
| 고정비 | 1,329 | 501 | 258 | 2,088 |
| 이익 | 171 | 1,599 | 117 | 1,887 |
| 한계이익률 | **50%** | **35%** | **15%** | **34.5%** |
| 손익분기점 매출(BEP) | 2,658 | 1,431 | 1,720 | 6,052 |
| BEP−실제 매출액 | 342 | 4,569 | 780 | 5,458 |

| 당기 | 아동복 | 여성복 | | 합계 |
|---|---|---|---|---|
| | | 고급품 | 캐주얼웨어 | |
| 실제 매출액 | 1,500 | 4,000 | 4,000 | 9,500 |
| 변동비 | 750 | 2,600 | 3,400 | 6,750 |
| 한계이익 | 750 | 1,400 | 600 | 2,750 |
| 고정비 | 1,530 | 1,084 | 317 | 2,931 |
| 이익 | △780 | 316 | 283 | △181 |
| 한계이익률 | **50%** | **35%** | **15%** | **28.95%** |
| 손익분기점 매출(BEP) | 3,060 | 3,097 | 2,113 | 10,124 |
| BEP−실제 매출액 | △1,560 | 903 | 1,887 | △624 |

| | 증감 |
|---|---|
| 실제 매출액 | △2,000 |
| 변동비 | △775 |
| 한계이익 | △1,225 |
| 고정비 | 843 |
| 이익 | △2,068 |

한계이익은
전기 대비
절반으로 감소!

고정비는
전기보다 증가!

아동복과
고급 여성복의
적자는
4억 6천 4백만 엔

당기 적자는
1억 8천만 엔

유키가 임원 모두에게 당부했다.

그러자 마사루가 일어섰다.

"드디어 사장님도 현실을 직시하신 것 같군요. 한나를 흑자로 만들 방법 말인가요? 도대체 얼마나 더 설명을 해야 아시겠습니까? 인건비 1억 8천만 엔분을 삭감하면 됩니다. 정말 간단한 일이라고요."

"인건비를 삭감하는 방법은 마지막 방안으로 남겨두고 싶어요."

유키가 대답했다.

"사장님, 허세도 정도껏 부리십시오. 다행히 베트남 공장에서 값싼 상품을 들여왔기에 적자가 1억 8천만 엔에 그쳤지, 그렇지 않았다면 적자는 4억 6천만 엔이나 될 뻔했다고요. 더는 꾸물거릴 시간이 없단 말입니다."

그러자 하야시다가 도저히 참을 수 없다는 듯한 표정으로 입을 열었다.

"이전에도 말씀드렸듯이 도야마 공장은 비정규직 사원일지라도 숙련된 기술자들입니다. 만약 그 직원들을 해고하면 품질 좋은 옷은 만들 수 없게 됩니다."

"하야시다 부장은 경영에 대해 알고나 하는 소리입니까? 브랜드별 손익계산서를 보고서도 그런 말이 나오다니 참 어이가 없군요. 아동복 부문 적자가 7억 8천만 엔이나 된단 말입니다. 적자를 사람에 비유하면 병과 같죠. 원인은 과도한 인건비라고요. 그럼 한시라도 빨리 이를 제거해야 하지 않겠어요? 이런 간단한 사실을 왜 모르는 거죠?"

마사루는 얼굴에 짜증을 드러냈다.

하지만 하야시다는 자신의 주장을 굽히지 않았다.

"마사루 실장님이야말로 한나의 실정을 전혀 이해하지 못하고 계십니다. 도야마 공장에서 생산하는 제품의 품질을 알고 하시는 말씀입니까? 그 정도의 옷은 숙련된 기술자만이 봉제할 수 있습니다. 게다가 그 직원들에게도 생활이 있습니다. 용돈이나 벌려고 일하는 게 아니란 말입니다."

"생각이 짧군요. 한나는 조각배입니다. 그 배에 사람이 너무 많이 타면 어떻게 될까요? 배가 가라앉는 건 불 보듯 뻔합니다. 그런 무책임한 말은 경영자의 한 사람으로서 도저히 용납할 수 없군요."

"누가 무책임한 건지 모르겠습니다. 이 위기를 헤쳐나가려면 전 직원이 손을 맞잡고 힘을 모아야만 합니다."

하야시다의 목소리가 떨렸다.

인원을 줄여야 할지를 두고 두 사람은 한발도 물러서지 않고 자기 주장을 내세웠다.

## 고용과 이익의 상관관계

회의실 안에 무거운 분위기가 감돌았다. 유키는 기무라에게 준비한 자료를 비추도록 지시했다. 화이트보드에 도야마 공장의 아동복

표 4

두 개의 CVP 표

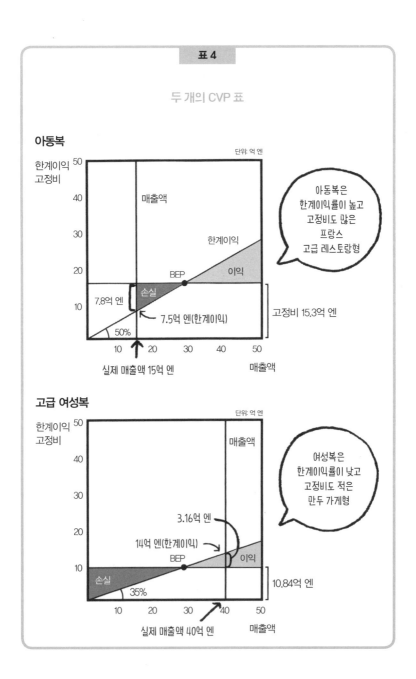

**아동복**

한계이익
고정비

단위: 억 엔

아동복은
한계이익률이 높고
고정비도 많은
프랑스
고급 레스토랑형

매출액

한계이익

이익

BEP

손실

7.8억 엔

7.5억 엔(한계이익)

50%

고정비 15.3억 엔

실제 매출액 15억 엔

매출액

**고급 여성복**

한계이익
고정비

단위: 억 엔

여성복은
한계이익률이 낮고
고정비도 적은
만두 가게형

매출액

3.16억 엔

14억 엔(한계이익)

BEP

이익

손실

35%

10.84억 엔

실제 매출액 40억 엔

매출액

부문과 여성복 부문의 CVP★ 표가 비쳤다(표 4).

표의 세로축은 한계이익과 고정비를, 가로축은 매출액을 나타내고 있다. 가로축에 수평인 직선은 고정비, 사선은 한계이익, 세로줄은 매출액이다. 즉 매출액과 서로 교차하는 부분이 그 매출의 한계이익이며 고정비다. 두 CVP 표의 형태는 이전에 아즈미에게 배웠던 프랑스 고급 레스토랑과 만두 가게 CVP 표와 매우 흡사했다.

아동복은 한계이익률이 높고(50퍼센트) 고정비 역시 15.3억 엔으로 많았다. 매출이 감소하면 이익이 빠르게 감소하는 '프랑스 고급 레스토랑형'이다. 한편, 여성복은 한계이익률이 낮지만(35퍼센트), 고정비 역시 10.84억 엔으로 비교적 적은 '만두 가게형'이다. 다시 말해 '프랑스 고급 레스토랑형'인 아동복과 비교해서 다소 매출이 감소해도 이익의 감소폭이 적은 유형이다.

아동복의 한계이익률이 50퍼센트로 높은 이유는 아동복은 재료(옷감이나 부속품)의 사용량은 비교적 적지만 높은 가격으로 판매되고 있기 때문이다. 한편, 고정비가 많은 이유는 재단 작업을 수월하게 하기 위해 고가인 CAD^Computer-Aided Design(컴퓨터를 이용하여 제품을 설계하거나 제조하는 것 - 옮긴이)시스템이나 자동재단기를 도입했기 때문이다.

여성복의 한계이익률이 35퍼센트로 낮은 이유는 가격 경쟁이 치열해서 판매가격을 비교적 낮게 설정했기 때문이다. 또 작업 자체가 비

---

★ CVP(Cost Volume Profit, 원가 - 조업도 - 이익 분석) : CVP 표를 살펴봄으로써 이익의 구조를 파악하거나 이익을 예측하는 시뮬레이션을 할 수 있다.

교적 단순하여 경험이 부족한 작업자라도 전혀 문제될 것이 없고 특별한 사양인 기계(재단기나 재봉틀)도 필요 없다. 이 때문에 고정비가 적게 드는 것이다.

"마사루 실장님의 제안에 대한 제 생각을 이야기하겠어요."

유키는 화이트보드에 두 개의 직선을 그려 넣었다(표 5).

"아동복 부문에서 일하는 파견 사원과의 계약을 해지하면 고정비를 가리키는 직선이 일시적으로 아래로 이동해 이익을 낼 수 있어요(표 5의 2). 그러나 숙련된 기술자들을 해고하면 생산성과 제품의 질이 떨어질 수밖에 없어요. 따라서 한계이익률은 변하지 않아도 매출액은 서서히 감소해 조금씩 왼쪽으로 이동해요. 결국 적자는 해소되지 않아요(표 5의 3)."

유키는 품질의 저하로 인한 사업의 악영향을 우려하고 있었다.

"사장님, 그건 잘못된 생각입니다. 실제로 아동복은 잘 팔리지 않아 파견 사원들이 손을 놓고 있다고요. 그런데도 고용을 유지하시겠다는 말입니까?"

마사루는 유키를 질책했다.

"저는 유지해야 한다고 생각해요."

"고용을 유지하고서 어떻게 고정비를 줄인단 말입니까?"

마사루는 어이없다는 표정으로 말했다.

"당분간 주4일 근무제로 바꾸면 인건비를 20퍼센트 정도 삭감할 수 있어요. 근로시간이 줄어들면 그만큼 임금이 감소하니 직원들이 휴일에 부업을 할 수 있도록 도와주려고 해요. 그리고 경기가 회복될

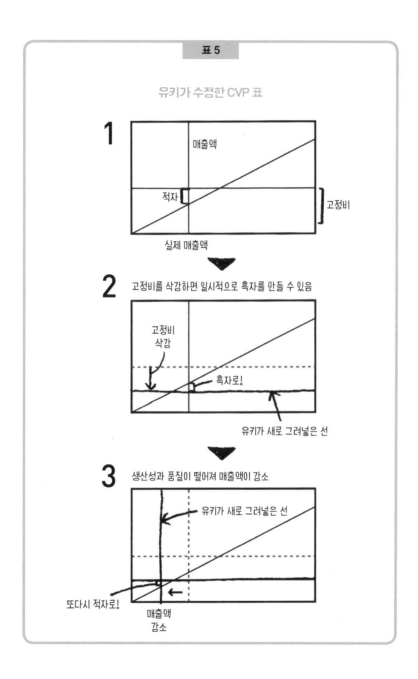

표 5

유키가 수정한 CVP 표

1

매출액

적자

고정비

실제 매출액

2 고정비를 삭감하면 일시적으로 흑자를 만들 수 있음

고정비
삭감

흑자로!

유키가 새로 그려넣은 선

3 생산성과 품질이 떨어져 매출액이 감소

유키가 새로 그려넣은 선

또다시 적자로!

매출액
감소

때를 대비해 전 직원의 기술력 향상을 위해 교육과 훈련을 강화시킬 생각이에요. 이렇게 하면 인건비를 연간 1억 5천만 엔 정도 삭감할 수 있다는 계산이 나와요."

유키의 생각대로라면 고용을 유지함은 물론 직원들의 기술력을 향상시키고 고정비를 낮출 수 있다.

"워크셰어링Work Sharing(노동자들의 임금을 삭감하지 않고 고용도 유지하는 대신 근무시간을 줄여 새로운 일자리를 만들어가는 제도, 즉 일자리 나누기 - 옮긴이)을 말하는 거군요. 그렇게 하면 실질적인 임금은 삭감되겠지요. 하지만 파견 사원을 해고하지 않고 워크셰어링을 추진하면 정규직 사원들이 가만있지 않을 것 같은데요? 그래도 사장님의 방침이 그렇다면 어쩔 수 없지요."

마사루는 유키의 제안에 마지못해 찬성했다.

유키는 계속 이야기했다.

"고정비를 절감하는 방법 이외에도 한계이익률을 높이기 위해 노력해야 해요. 변동비를 줄이면 그 효과가 즉시 나타나겠죠. 하야시다 부장님이 중심이 되어 재료 구입가격과 외주 제조단가를 낮추는 방안을 추진해주세요. 그리고 옷감 자투리 등 재료 낭비를 줄이는 일도 잊지 말아주세요. 변동비의 절감 목표는 10퍼센트 이상이에요."

그러자 계산기를 두드리던 마사루가 불쑥 끼어들었다.

"잠깐만요. 사장님의 이야기를 종합해보니 인건비 절감으로 1억 5천만 엔, 재료비와 외주비 절감으로 3억 엔, 그리고 예산을 효율적으로 관리하고 경비를 다소 줄이면 모두 5억 엔이 되는군요. 이로써 적자 문제는 해결되지만 15억 엔의 부채를 상환하려면 아직 10억 엔이 부족합니다. 어떻게 하실 생각입니까? 설마 매출을 늘리라는 말씀을 하시는 건 아니겠죠?"

마사루가 또 독설을 퍼부었다.

"어떻게 하느냐에 따라 매출이 더 증가할 수도 있겠죠."

이번에는 영업부장인 아사쿠라가 끼어들었다.

"봉제 라인에 있는 직원들 중 몇 명만 영업부로 보내주실 수 있나요? 한나에서 만드는 옷은 일하는 사람들에게는 용기를 북돋아주고 잠시 여가를 즐기는 사람들에게는 일에서 벗어나 편안함을 느끼도록 해주잖아요. 그러니 어떤 소재를 사용하고 또 어떤 방법으로 재단하고 봉제하는지 직영점 점원에게도 가르쳐주고 싶어요. 그렇게 하면 확실히 판매에 도움이 될 겁니다."

"좋은 아이디어 같아요. 우리 디자이너들도 직영점에서 공부시켜야겠네요."

이번에는 디자인부 책임자인 사가에가 끼어들었다.

"고객과 직접 만나 느낀 점을 제품에 활용하면 반드시 히트 상품이 탄생할 거예요."

"사가에 부장님이 찬성해준다면 금상첨화예요. 하야시다 부장님은 어떻게 생각하세요?"

하야시다는 결산 자료를 꼼꼼히 들여다보면서 대답했다.

"직영점 근무에 관한 이야기는… 좋다고 생각합니다. 그런데 도야마 공장의 워크셰어링 건인데 아동복 부문으로 대상을 한정합니까?"

"현재 아동복 부문만 적자이니 그 부문부터 시작해야 한다고 생각하는데 뭔가 다른 의견이 있으신가요?"

유키가 대답했다.

그러자 하야시다가 불만족스러운 듯한 표정을 지으며 브랜드별 손익계산서를 가리켰다.

"저는 이 결과가 왠지 믿음직스럽지 않습니다. 기무라 과장이 계산한 대로 아동복 부문의 실적이 나쁘다는 생각이 들지 않을뿐더러 여성복 부문이 흑자라는 계산 역시 믿기지 않습니다. 이런 사실은 공장에 가보면 바로 알 수 있습니다. 기무라 과장, 이 브랜드별 손익계산서를 어떻게 작성했는지 설명해줄 수 있습니까?"

하야시다가 진지한 얼굴로 물었다.

## 왜곡된 손익계산서

기무라는 굳은 표정으로 설명하기 시작했다.

"브랜드별 손익(77쪽 표 3)은 매출에서 재료비와 외주비 등의 변동비와 제조부, 영업부, 경리부 등의 부문비인 고정비를 차감해 계산했습니다. 제조 부문 중 봉제부의 비용은 브랜드별로 직접 집계하여 배부했습니다. 구매부, 재단부, 생산관리부, 총무부, 그리고 영업부, 경리부 등에서 공통으로 발생하는 비용은 2년 전에 정한 비율로 각 브랜드에 배부했습니다."

그 계산 방식은 유키가 지시한 방법이 아니었다.

공통 부문의 비용이라 할지라도 가능한 한 브랜드별로 직접 집계하여 배부해야 한다는 것이 유키의 생각이었다. 그런데 기무라는 2년 전에 계산한 비율을 그대로 적용해 각 브랜드에 배부했다고 했다.

'이런 계산으로는 이익이 왜곡될 우려가 있어!'

유키는 머리를 세게 얻어맞은 듯한 충격을 받았다.

"왜 계산 방법을 바꿨나요?"

"비용을 브랜드별로 정확하게 계산하려고 하니 월별 결산이 마감되는 것은 아무리 서둘러도 제10영업일 후쯤이었습니다. 이렇게 늦어서는 월별 결산을 하는 의미가 없다고 생각해 마사루 실장님과 의논했습니다."

"마사루 실장님이 2년 전에 측정한 배부 비율을 사용하도록 지시했군요?"

유키는 마음의 동요를 가까스로 가라앉히며 물었다.

"월별 결산은 빠를수록 좋으니까요. 그래서 공통 부문 비용의 배부는 예정 계산으로 충분하다고 했습니다. 월별 결산은 신속함이 곧 생명 아닙니까. 기무라 과장에게도 그렇게 가르쳤습니다."

마사루는 자랑스럽게 이야기했다.

"기무라 과장. 나는 공통 부문 비용을 어떻게 브랜드별로 분담할지 당신과 의논해 결정했어요. 그래서 지금까지 당신이 작성한 회계 자료를 신뢰했던 거고요. 그런데 계산 방식을 내가 모르는 사이에 바꿔버리다니…."

유키는 할 말을 잃었다.

그러자 마사루가 입을 열었다.

"기무라 과장을 탓해서는 안 됩니다. 기무라 과장은 의문을 느끼고 자신이 납득할 수 있는 방법을 열심히 찾았습니다."

"기무라 과장… 왜 나에게 상담하지 않았나요?"

유키가 다그치자 기무라는 어색한 표정으로 대답했다.

"사장님은 워낙 바쁘신 분이고 또 의견을 여쭤보고 싶어도 거의 외출 중이었습니다. 저는 대학에서 관리회계를 공부했으나 실무에 대해서는 아직 잘 모르는 부분이 많습니다. 그래서 마사루 실장님께 의견을 구했습니다. 그 후 경리 업무가 한결 수월해졌고 덕분에 잔업이 없어졌습니다."

유키는 기무라의 이야기를 들으며 자신이 너무 바빠서 이름뿐인 경리부장이었다는 사실을 깨달았다. 이내 그동안의 행동들이 후회됐다. 지난 2년간 자신이 한 일이라곤 ERP시스템의 도입, 위탁판매 중지에 따른 잔무 정리, 그리고 베트남에 자회사를 설립한 것이 고작이었다. 최근에는 본사 경리부의 일을 모두 기무라에게만 떠넘기고 있었던 것이다.

유키는 기무라와 대화를 계속할수록 경리 책임자가 현장을 모르면 얼마나 위험천만한 결과를 초래하는지 깨달았다. 그동안 회계수치가 뒤틀려져 있다는 사실조차 모르지 않았는가.

'현장을 직접 보여줘야겠어.'

유키는 기무라를 도야마 공장에 데리고 가기로 했다.

# 제4장

# 회계 자료에
# 숨겨진 비밀을
# 찾아라

# 반값에 인수할 수 있는
# 회사가 있다고?

"선생님, 이제 그만 퇴원하시죠?"

의사가 정말 어이없다는 표정으로 덥수룩한 머리를 한 남자에게 말했다.

"이 정도 부상으로 2주일이나 입원하는 사람은 처음 봐요."

"앞으로 1주일만 더 입원하면 안 될까? 어차피 이 특실은 비어 있잖아?"

"안 됩니다. 밤만 되면 병원을 몰래 빠져나가 술을 마시러 다니시면서 입원이라니요."

미나미다(南田) 병원을 경영하고 있는 병원장 미나미다 요스케가 돌아가신 아버지의 친구인 아즈미에게 이제 꾀병 좀 그만 부리시라고 말하고 있었다.

"하필 그날 레스토랑에서 선생님을 만나다니 정말 운이 나빴어요.

선생님과 함께 있던 그 젊은 아가씨는 가엾게도 얼굴이 창백하게 질려 있었다고요. 큰 부상도 아니시면서 제 귓전에 대고 "빨리 자네 병원으로 데리고 가줘"라고 해서 저도 얼마나 놀랐게요. 그런데 고작 두 바늘 꿰맸을 뿐이잖아요."

미나미다는 기가 막힌다는 표정으로 말했다.

"자, 자. 좋은 게 좋은 거니 그렇게 빈정대지 말라고. 나도 그러려고 그런 건 아닌데 일부러 넘어지다 보니 테이블 모서리에 머리를 부딪쳤지 뭔가. 자네는 몰라, 정말 아팠다고. 그리고 그 아이는 지금 진정한 경영자로 거듭나기 위한 시련을 겪는 중이야. 내 조언이 없어도 연간 매출액이 100억 엔인 회사를 경영할 힘을 길러야만 해. 게다가 내가 집으로 돌아가면 그 아이 모친에게 발각될 게 뻔해. 그러니 앞으로 1주일만 더 있게 해줘."

아즈미는 환자복 차림으로 침대 위에서 책상다리를 한 채 두 손을 맞댔다.


"사장님, 잠시 시간을 내주실 수 있습니까?"

마사루가 불쑥 들어오더니 도야마 공장에 가려고 막 나서는 유키를 제지했다.

"진지하게 드릴 말씀이 있습니다."

마사루는 파워포인트 형식으로 정리된 자료를 유키에게 건넸다.

"한나의 브랜드는 인지도가 조금씩 높아지고 있습니다. 하지만 유감스럽게도 매출은 늘지 않고 있습니다. 그 이유는 너무나 명백하니다. 판매력이 현저히 저하되고 있기 때문입니다. 그래서 이전에 근무했던 컨설턴트 회사의 동료에게 상담을 했습니다. 그러자 그가 직영점을 운영하고 있는 다른 어패럴 회사와의 M&A*를 권하더군요. 이것이 그 보고서입니다."

그 회사는 유키도 잘 아는 MMM(쓰리엠)사였다. 이 회사는 주식의 절반 이상을 창업자인 사장 부부가 보유하고 있는 동족회사**다. 공장을 따로 소유하지 않고 자사 브랜드 상품을 협력회사에서 만들어 전국의 직영점에서 판매하고 있다.

보고서에는 한나의 직영점과 경쟁 관계에 있는 직영점은 없다고 기록되어 있었다.

"사장님, 이것을 봐주십시오."

마사루는 득의만면한 표정으로 MMM사의 결산서를 보였다.

"매출액이 100억 엔에다가 부채도 없습니다. 최근 10년 이상 적자였던 적이 없을뿐더러 유보이익이 20억 엔입니다. 더욱이 현금과 은행예금을 합쳐 2억 엔이나 됩니다. 말하기가 좀 그렇지만 한나와는 격이 다르다고 할 수 있습니다."

마사루는 히죽 웃었다.

"이런 건실한 회사를 10억 엔에 살 수 있다고요."

---

★ **M&A(Mergers and Acquisitions)** : 주식의 이동을 수반하는 기업의 인수합병과 분할은 물론 주식의 이동을 수반하지 않는 기술 제휴, OEM 제휴, 판매 제휴까지를 포함한 개념이다. M&A기법에는 주식양도, 신주인수, 주식교환, 사업양도, 합병, 기업분할 등이 있다.

★★ **동족회사** : 3인 이하의 주주가 그 회사 주식의 50퍼센트를 초과하는 지분을 실질적으로 소유하고 있는 회사. 가족회사라고도 한다.

마사루는 입이 마르도록 MMM사를 칭찬했다.

하지만 유키는 도야마 공장에서 돌아온 다음 다시 이야기하자며 사장실을 나서려고 했다. 그러자 마사루가 매우 난처한 표정을 지으며 꼭 만나주었으면 하는 사람이 있다고 간청했다.

"10분 후면 그 컨설턴트가 도착합니다. 그리고 주거래은행의 다카다 지점장도 올 예정이라 사장님이 없으면 정말 곤란합니다."

마사루는 사장인 유키에게 한마디 상의도 없이 회의를 소집했던 것이다.

"회의의 목적이 뭔가요?"

유키는 곤혹스러운 표정을 감추지 못한 채 물었다.

"M&A입니다. MMM사를 다른 회사에 뺏기기 전에 되도록 빨리 손을 쓰고 싶은 마음에….''

"컨설턴트 회사에 컨설팅을 의뢰한 기억도 없고 또 M&A는 생각해 본 적도 없어요. 마사루 실장님, 제 말 잘 들으세요. 한나는 지금 자금융통에 어려움을 겪고 있어요. 그러니 지금은 사업을 확장할 시기가 아니에요."

"사장님, 그건 잘못된 생각입니다. 어려운 시기일수록 투자를 해야 합니다. 곧 옛 동료인 컨설턴트가 그 조사 결과를 보고하기로 되어 있습니다. 게다가 다카다 지점장도 추가 융자를 매우 긍정적으로 생각하는 듯했습니다."

마사루가 대답했다.

이윽고 컨설턴트인 신자키 신지와 주거래은행 지점장인 다카다가 도착했다.

유키는 두 사람이 사장실에 모습을 보이자마자 지금 빨리 도야마 공장에 가야 하니 이야기를 간략하게 해달라고 부탁했다.

신자키는 유키에게 명함을 건넸다. 그 명함에는 '신자키 어소시에이츠'라고 쓰여 있었다. 이름만 컨설팅회사일 뿐 직원이라곤 자기 혼자밖에 없었다. 신자키는 준비해온 조사 자료를 유키에게 건네고는 미소를 지으며 설명을 시작했다.

"사장님도 아시듯이 MMM사는 DC 브랜드Designer's Character Brand(디자이너의 고유한 개성을 살린 상품 - 옮긴이)의 개척자적인 존재로 재무 상태도 나무랄 데 없는 우량기업입니다. 내부유보*가 20억 엔인데 브랜드 가치를 고려하면 주주 가치는 그 두 배인 40억 엔이나 됩니다. 그 회사를 10억 엔에 살 수 있습니다."

신자키도 마사루와 똑같은 말을 했다.

유키는 건네받은 보고서를 그대로 핸드백에 집어넣었다.

"이제 슬슬 나가봐야 하니 질문 하나만 할게요. 그런 가치 있는 회사를 소유주는 왜 팔려고 하나요?"

그러자 신자키가 기다렸다는 듯이 대답했다.

"소유주인 마츠노 회장에게 똑같은 질문을 했습니다. 그러자 '사업이 순조로울 때 깨끗이 물러나 한가로운 여생을 보내고 싶다. 내 인

---

★ **내부유보** : 회사 설립부터 현재에 이르기까지 계상한 세금 차감 후 이익의 누계를 말한다. 이익은 재투자되어 다양한 자산으로 형태가 바뀌므로 그 수치만큼의 현금이나 예금이 있는 것은 아니다.

생의 목표는 돈이 아니다. 그래서 내가 이뤄낸 회사를 기꺼이 인수할 분에게 양도하고 싶다'고 했습니다. 그 사람은 전혀 욕심이 없습니다."

신자키는 자신이 마치 마츠노인 양 대답했다.

유키는 이번에는 다카다 지점장에게 M&A에 대한 견해를 물었다.

"마사루 실장님으로부터 참석 요청을 받아서 참석했을 뿐, 모든 것은 사장님이 결정할 문제라고 생각합니다."

다카다 지점장이 융자를 긍정적으로 생각하고 있다고 한 말은 아무래도 마사루가 꾸며낸 이야기인 듯했다.

마사루가 입을 열었다.

"신자키 씨, 이 제안에 대한 회답은 언제까지 해야 합니까? 무작정 MMM사를 기다리게 할 수도 없으니 말입니다…."

"늦어도 2주일 내에는 답을 주셨으면 합니다. 하나 말고도 사고 싶어하는 회사는 많으니까 말이죠."

신자키가 거드름을 피우며 대답했다.

그때 기무라가 사장실 문을 열고 말했다.

"사장님, 비행기 시간이 다 되어갑니다."

유키가 조만간 회답하겠다는 말을 남기고 사장실을 막 나가려고 할 때였다. 다카다 지점장이 유키에게 다가와 작은 목소리로 짧게 말했다.

"융자 건으로 의논할 일이 있습니다."

"M&A 자금에 관한 이야기인가요?"

유키는 다카다의 의도를 헤아릴 수 없었다.

"그건 아니고요. 자회사인 한나 베트남 건입니다. 저희 은행 베트남 호찌민 지점에서 급하게 연락이 왔습니다. 자세한 내용은 도야마에서 돌아오신 뒤 천천히 다시 이야기하기로 하죠."

새로운 불안이 유키를 엄습했다.


## 우량한 회사를 왜 팔려고 할까


도야마행 보잉777이 수평비행에 들어가자 유키는 신자키에게서 건네받은 서류봉투를 좌석 테이블에 올려놓았다.

"가뜩이나 부채 상환에 골머리를 앓고 있는데 마사루 실장님은 왜 이때 빚을 내어 회사를 사라는 거야."

"회사라니요?"

기무라가 적잖이 놀란 표정을 지으며 물었다.

"DC 브랜드 회사야. 그 회사의 판매망을 잘 활용하면 한나의 매출이 증가해 공장은 풀가동되고, 게다가 40억 엔의 가치가 있는 회사를 10억 엔에 살 수 있다나 뭐라나 정말 열심히 설명하더라고."

유키가 곤혹스러운 표정을 지었다.

"그 제안이 마음에 들지 않으면 분명하게 거절하시면 되잖아요?"

"지금 생각해보니 그래야 했어. 하지만 그 회사가 정말 한나에게 득이 되는 회사고 어떤 은행이든 돈을 빌려주는 곳이 있다면 그것도 괜찮지 않을까 하는 생각이 문득 들었어. 그렇게 되면 우리 직원들 해고니 뭐니 하는 얘기가 더 안 나와도 되니까…."

"주거래은행에서 M&A 자금을 빌려주나요?"

"신자키 씨가 말하는 대로 그 회사의 담보 가치*가 10억 엔 이상이라면 틀림없이 빌려줄 거야."

"어느 회사인데요?"

기무라가 물었다.

"MMM사야. 이름 정도는 기무라 과장도 들어본 적이 있을 걸?"

"MMM사라면 그 유명한!"

"맞아. 왜? 뭔가 다른 얘기라도 있어?"

유키가 물었다.

"MMM사라면 우리 업계에서 꽤 이름 있는 곳이잖아요. 그런 우량 기업을 소유주는 왜 팔려고 할까요?"

기무라는 고개를 갸웃했다.

유키는 신자키로부터 건네받은 서류를 봉투에서 꺼내 기무라에게 보였다.

"이게 MMM사의 손익계산서와 재무상태표**야. 어떻게 생각해?"

---

★ **담보 가치** : 채권자(은행)가 채무(차입금)에 대한 담보로 설정하는 물적 담보(부동산)의 재산 가치.

★★ **재무상태표(balance sheet)** : 회사가 일정 시점(결산일)에 보유하는 자산, 부채, 순자산을 기재한 것.

## 표 6

## MMM사의 손익계산서

단위: 백만 엔

| 구분 | | |
|---|---|---|
| I  매출액 | 9,980 | 100% |
| II  매출원가 | 6,400 | |
| 매출총이익 | 3,580 | 35.9% |
| III  판매비와 일반관리비 | | |
| 급여와 수당, 상여금 | 1,400 | 14% |
| 판매촉진비 | 500 | 5% |
| 광고선전비 | 200 | 2% |
| 감가상각비 | 130 | 1% |
| 부동산 임차료 | 850 | 8.5% |
| 기타 | 200 | 2% |
| 영업이익 | 300 | 3% |
| IV  영업외수익 | | |
| 1. 수입이자 | 2 | |
| 경상이익 | 302 | 3% |
| V  특별손실 | | |
| 1. 고정자산 처분손실 | 140 | |
| 세금 차감 전 당기순이익 | 162 | 2% |
| 법인세, 주민세, 사업세 | 68 | |
| 당기순이익 | 94 | 1% |

인건비만으로
매출총이익 중
39퍼센트가
사용되고 있다

기무라는 손익계산서를 훑어봤다.

매출액은 99.8억 엔, 매출총이익은 35.8억 엔이었다. 매출총이익률이 35.9퍼센트이므로 한나와는 비교가 되지 않았다. 브랜드력의 차이를 여실히 보여주고 있었다. 다시 말해 MMM 브랜드는 한나 브랜드보다 높은 가격 설정이 가능했다.

기무라는 판매비와 일반관리비로 시선을 돌렸다. 이것들은 영업부, 직영점, 물류 창고, 본사 관리부 등에서 발생하는 비용이다.

주목할 만한 비용은 인건비(급여와 수당, 상여금)로 14억 엔이 사용되고 있었다. 이는 매출총이익의 39퍼센트를 차지하는 금액이다.

다음으로 큰 비용은 부동산 임차료로 8.5억 엔이었다. 다시 말해 본사나 직영점이 건물 일부를 빌려 쓰고 있음을 알 수 있다.

판매촉진비와 광고선전비는 DC 브랜드에 있어서는 꼭 필요한 비용이다. 감가상각비는 자사 건물, 비품, 차량에 관한 비용이다. 매출에서 이들 비용을 차감한 금액이 '본업에서 벌어들인 이익' 즉 영업이익이다. 영업외손익★은 본업 이외의 활동에서 발생한 수익과 비용이다.

MMM사는 예금이자만 있고 은행차입금이 없으니 지급이자가 발생하지 않는다. 영업이익에서 영업외손익을 차감한 값이 경상이익이다. 이 경상이익은 해마다 반복되는 영업 활동의 결과물로 회사의 실

---

★ **영업외손익** : 재무 활동 등과 같이 영업 활동(본업) 이외의 활동에서 발생하는 수익과 비용. 수입이자, 수입배당금 등으로 획득하는 영업외수익과 지급이자, 할인료, 사채이자 유가증권매각손 등으로 지급하는 영업외비용이 있다.

적을 판단하는 데 중요한 지표가 된다.

기무라는 매출 99.8억 엔에 대한 경상이익 3억 엔은 그다지 나쁘지 않다고 생각했다. 특별손익은 임시적 또는 우발적으로 발생한 손익이다. 고정자산 처분손실 1.4억 엔은 아마도 직영점을 철수할 때 발생한 손실일 것이다. 세금 차감 전 당기순이익(1.6억 엔)에서 법정세율*을 42퍼센트로 계산한 법인세 등을 차감한 값이 당기순이익(0.9억 엔)이다. 특별히 실적이 좋다고는 할 수 없지만 한나와 비교하면 훌륭한 편이다.

"손익계산서로 봐서는 좋은 회사라고 생각해요."

기무라가 의견을 이야기했다.

"그렇다고 해서 손익계산서에 표시된 숫자를 곧이곧대로 받아들일 수 없어. 이쪽을 봐봐."

유키는 재무상태표(표 7)를 건넸다.

기무라는 대학에서 배운 대로 총자산이익률**을 계산해봤다. MMM사의 총자산은 82억 엔, 매출액은 99.8억 엔, 경상이익은 3억 엔이다. 82억 엔을 사용해 3억 엔의 이익을 창출했다. 다시 말해 이 회사의 ROA(수익률)는 3.7퍼센트(경상이익 3 ÷ 총자산 82)인 셈이다.

유키는 이 식의 분모와 분자에 매출액을 곱해 매출액 경상이익률

★ **법정세율** : 과세소득에 대한 세금(법인세, 주민세, 사업세)의 합계 비율을 가리킨다. 동경 23구에 적을 두고 있는 자본금 1억 엔 이하의 회사들 실효세율은 약 42.05퍼센트다.

★★ **총자산이익률(ROA)** : 일정 기간의 성과인 당기순이익을 총자산(유동자산+고정자산)의 합계로 나눈 값. 회사나 사업부가 효율적으로 이익을 올리고 있는지를 체크하는 대표적인 지표.

과 총자산회전율로 분해해봤다.

**ROA = 매출액 경상이익률 3(경상이익 3÷매출액 99.8)×총자산회전율 1.2(매출액 99.8÷총자산 82)=3.7%**

이 결과로 알게 된 사실은 MMM사는 매출액에 대해 3퍼센트의 경상이익을 올림과 동시에 자산에 투입한 자금(현금)의 1.2배에 달하는 매출을 올리고 있다는 점이었다. 한나의 매출액은 투입한 자금의 75퍼센트에 지나지 않고 게다가 적자다. 확실히 한나보다는 실적이 좋다.

다음은 유동자산과 유동부채다. 유동자산은 1년 이내에 회사에 들어오는 자금(42억 엔)을 말하고, 유동부채는 1년 이내에 회사에서 나가는 자금(37억 엔)을 가리킨다. 다시 말해 이 차액(5억 엔)이 1년 후에 회사에 남게 되는 자금(현금)액이다.

기무라는 유동비율*을 계산해봤다.

**유동비율 113.5% = 유동자산(4,200)÷유동부채(3,700)**

이전에 대학에서 배웠던 회계 교과서에는 이 비율이 높을수록 좋

---

★ **유동비율** : 유동부채에 대한 기업의 지급 능력을 알기 위한 지표로 즉 기업의 재무 안전성을 확인하는 지표라고 할 수 있다. 보통 유동비율이 200퍼센트 이상 되어야 바람직하다는 인식이 많은데 그것은 잘못된 생각이다.

고 적어도 200퍼센트 이상 필요하다고 쓰여 있었다. 그 내용에 비춰 봤을 때 MMM사의 유동비율 113.5퍼센트는 낮다고 느꼈다.

그다음으로 고정자산 쪽으로 시선을 옮겼다. 건물과 구축물, 토지 항목과 임대 건물 소유주에게 지급한 임대차보증금과 보증금 항목에 거의 같은 금액이 계상된 것을 보면 MMM사는 자사와 임대 점포를 전국적으로 운영하고 있음을 알 수 있다. 더욱이 차입금이 없으므로 이 자금을 모두 자체적으로 조달했다는 것을 짐작할 수 있다.

끝으로 고정부채와 순자산을 살펴봤다. 퇴직급여충당금*이 20억 엔인 것을 보면 직원들의 퇴직에 대비한 준비 자금이 확실히 갖춰져 있음을 알 수 있다. 자기자본 비율이 29.3퍼센트에 내부유보(이익잉여 금) 또한 20억 엔이니 바람직하다. MMM사의 실적을 가리키는 모든 수치가 하나를 웃돌고 있었다.

기무라는 유키에게 재무상태표에 대해서도 특별히 지적할 만한 점이 없다고 말했다.

---

★ **퇴직급여충당금** : 직원의 퇴직급부(퇴직일시금 및 퇴직연금 등)를 지급하는 데 필요한 채무(퇴직급부채무) 에 대해 기업회계기준에 따라 계상하는 충당금.

표 7

## MMM사의 재무상태표

단위: 백만 엔

| 구분 | 기말 결산 | 구성 비율 |
|---|---|---|
| Ⅰ 유동자산 | | |
| 현금 및 예금 | 200 | |
| 외상매출금 | 1,500 | |
| 재고자산 | 2,100 | |
| 기타 | 400 | |
| 유동자산 합계 | 4,200 | 51% |

| 구분 | 기말 결산 | 구성 비율 |
|---|---|---|
| Ⅱ 유동부채 | | |
| 지급어음과 외상매입금 | 2,000 | |
| 미지급금 | 500 | |
| 상여충당금 | 200 | |
| 기타 | 1,000 | |
| 유동부채 합계 | 3,700 | 45% |

차액 5억 엔은
1년 후에
회사에 남는 자금

$$유동비율 = \frac{유동자산(4,200)}{유동부채(3,700)} = 113.5\%$$

| 구분 | 기말 결산 | 구성 비율 |
|---|---|---|
| Ⅲ 고정자산 | | |
| 건물과 구축물 | 1,200 | |
| 공구기구비품 | 300 | |
| 토지 | 1,402 | |
| 감가상각누계액 | △1,100 | |
| 유형고정자산 합계 | 1,802 | 22% |
| 임대차보증금과 보증금 | 2,118 | |
| 기타 | 80 | |
| 기타 자산 합계 | 2,198 | 27% |
| 고정자산 합계 | 4,000 | 49% |
| 자산 합계 | 8,200 | 100% |

자사 건물

임대 건물

| 구분 | 기말 결산 | 구성 비율 |
|---|---|---|
| Ⅳ 고정부채 | | |
| 1. 퇴직급여충당금 | 2,000 | |
| 기타 | 100 | |
| 고정부채 합계 | 2,100 | 26% |
| 부채 합계 | 5,800 | 71% |
| Ⅴ 자기자본 | | |
| 1. 자본금 | 300 | 4% |
| 2. 자본잉여금 | 100 | 1% |
| 3. 이익잉여금 | 2,000 | 24% |
| 순자산 합계 | 2,400 | 29% |
| 부채와 순자산 합계 | 8,200 | 100% |

내부유보
20억 엔

자기자본
비율

$$\text{자기자본비율} = \frac{\text{자기자본}(2,400)}{\text{총자본}(8,200)} = 29.3\%$$

$$\text{총자산이익률} = \underbrace{\frac{\text{경상이익}(3)}{\text{매출액}(99.8)}}_{\text{(매출액 경상이익율)}} \times \underbrace{\frac{\text{매출액}(99.8)}{\text{총자산}(82)}}_{\text{(총자산회전율)}} = 3.7\%$$

# 문제는 현금흐름표

"과연 그럴까?"

유키는 몇 가지 의문점을 제시했다.

첫째, 손익계산서에서 부동산 임차료(8억 5천만 엔)가 차지하는 비율이 높다는 점이다. 이 비율은 매출액(99억 8천만 엔)의 8.5퍼센트, 매출총이익(35억 8천만 엔)의 23.7퍼센트에 상당하는 금액이다. 건물과 토지가 대부분 자사 소유인 점을 고려하면 너무 많은 금액이다.

둘째, 유동자산이 유동부채보다 많다는 점이다. 외상매출금이나 재고자산 등으로 자산이 정체되어 있는 것은 아닐까? 유동자산에서 유동부채를 차감한 금액, 즉 5억 엔이 운전자본(외상매출금 + 재고 - 외상매입금)이다. 이 중에 팔다 남은 제품이나 불량채권이 섞여 있다고 가정하면 운전자본의 일부가 유효적절하게 활용되고 있지 않다고 볼 수 있다.

셋째, 35억 엔에 달하는 자금이 토지(14억 엔), 임대차보증금과 보증금(21억 엔)으로 묶여 있다는 점이다. 이것이 건물이라면 감가상각을 통해 현금화할 수 있지만, 만약 토지나 보증금으로 모습을 바꾼 자금이라면 남극의 빙하처럼 장기간 얼어붙은 채로 활용할 수 없다.

넷째, 퇴직급여충당금(20억 엔)은 물론 판매비와 일반관리비에 포함된 인건비(급여와 상여금 14억 엔)가 너무 많다는 점이다. 직원들을 소중히 여기는 증거라고 생각할 수 있지만, 노동조합의 힘이 강하다고 볼 수도 있다. 문제는 후자다. MMM사의 소유주는 노동쟁의 등으로 실망을 느껴 경영권을 양도하려고 생각했을지도 모른다.

다섯째, 20억 엔의 이익잉여금(내부유보)이다. 두말할 것도 없이 이익잉여금은 회사 설립 때부터 쌓아온 이익의 누계다. 하지만 그에 상당하는 금액을 은행에 예금하지 않고 있다. 따라서 이익잉여금 20억 엔으로 표시된 자산은 고정자산일지도 모르고 재고자산일지도 모른다. 만약 전혀 팔리지 않는 제품이나 가치를 창출하지 못하는 고정자산이 재무상태표의 어딘가에 숨어 있다면 그것은 자산이 아니라 손실에 지나지 않는다. 20억 엔의 내부유보 따윈 한순간에 사라져버릴지도 모른다.

마지막으로, 컨설턴트인 신자키가 현금흐름표*를 첨부하지 않았다는 점이다. 이래서는 MMM사의 실태를 정확히 파악할 수 없다.

기무라는 유키의 의문점을 노트에 기록했다.

"내일 동경으로 돌아가면 내 의문점을 정리해서 마사루 실장님과 신자키 씨에게 건넸으면 해. 그리고 MMM사로부터 전기 결산서를 받아 현금흐름표를 작성해줘."

유키는 말을 끝내고는 완전히 식은 커피를 한 모금 마셨다.

기무라는 노트에 적힌 내용을 여러 번 반복해서 읽었다. 유키가 지적한 사항 모두 자신이 전혀 생각지도 못한 것들이었다.

---

★ **현금흐름(Cash Flow, CF)표** : 현금흐름의 의미, 현금흐름 경영.

"저는 겉만 보고 있었던 거군요."

기무라는 자신이 어리석었음을 솔직히 인정했다.

"꼭 그렇진 않아. 다만 이 결산서에는 지뢰가 파묻혀 있을지도 몰라. 아즈미 선생님께서 여기 계셨다면 분명히 '너희 두 사람은 겉만 보고 있어'라고 말씀하셨을 거야."

창밖에는 웅대한 구로베(黑部)계곡이 보였다. 유키는 여전히 행방을 알 수 없는 아즈미를 생각했다.

# 제5장

# 공장에는
# 현금이 잠들어 있다

# 현장으로 출발하다

두 사람이 탄 비행기는 정확히 17시 30분에 도야마 공항에 도착했다. 출구에서는 점퍼 차림을 한 하야시다가 기다리고 있었다. 하야시다는 기무라를 발견하자 엉겁결에 시선을 피했다. 어제 기무라가 작성한 회계 자료에 대해 트집 잡은 일이 있어 보기가 영 어색했기 때문이다. 물론 악의는 없었다. 기무라도 슬쩍 시선을 피했다.

그런 두 사람의 어색한 분위기를 감지한 유키가 하야시다에게 말을 걸었다.

"기무라 과장은 하야시다 부장님이 납득할 만한 관리회계 자료를 만들려고 열심히 노력하고 있어요. 그러니 공장에 대해 자세히 가르쳐주도록 해요."

"잘 부탁합니다."

기무라가 기어들어가는 목소리로 말하며 하야시다에게 머리를 숙였다.

"기무라 과장, 나야말로 잘 부탁해. 도야마 공장에서 일하는 사람들의 모습을 똑똑히 관찰해줘."

하야시다의 얼굴에 다시금 미소가 돌아왔다.

"그럼 오늘은 옛 정취를 만끽할 수 있는 술집이 있는데 함께 가보시겠습니까?"

일행은 택시를 잡아타고 JR 도야마역 근처에 있는 신기한 가게로 향했다.

그 가게는 도로에 인접한 상가 건물 1층에 있었다. 입구에는 아이스박스가 가득히 쌓여 있어 마치 생선 가게를 연상시켰다. 가게 안은 카운터로 되어 있고 그곳에 샐러리맨으로 보이는 남성들이 줄지어 앉아 수다를 떨며 주거니 받거니 술을 마시고 있었다. 천장에는 생선과 오징어 등 건어물이 장소가 비좁을 정도로 주렁주렁 매달려 있었다. 하야시다는 그 건어물 중 몇 개를 비틀어 돌려 뜯더니 카운터 건너편에 있는 늙은 여주인에게 건넸다.

"이렇게 먹고 싶은 만큼 건네주면 구워주는 것이 이 가게의 특징입니다. 처음은 제가 적당히 주문하겠습니다."

하야시다는 메모한 종이를 여주인에게 건넸다.

여주인은 가게 밖으로 나가 아이스박스에서 생선과 조개를 꺼내 돌아왔다.

"이 가게에는 냉장고가 없습니다."

왠지 과거로 돌아간 듯한 기분이 드는 곳이었다.

세 사람은 앙증맞은 사기 술잔에 뜨거운 정종을 따른 뒤 건배를 했다.

카운터에는 건어물과 생선회, 조개회가 놓였다.

유키는 생선회 한 점을 입에 넣었다.

신선하고 씹히는 맛이 일품이었다.

"맛있어!"

유키는 무심코 탄성을 질렀다. 그러고는 문득 두 사람을 향해 말을 꺼냈다.

"우선, 사과할 일이 있어요."

하야시다와 기무라가 깜짝 놀라 유키를 쳐다봤다.

"최근 2년간 저는 베트남 출장과 거래처와의 회합으로 눈코 뜰 새 없이 바빴어요. 그렇지만 사장으로서 해야 할 일과 경리부장으로서 해야 할 일을 명확히 구분해서 시간을 활용해야 했어요. 그렇게 두 사람에게 일을 떠맡긴 채 나 몰라라 하고 있었던 점에 대해 깊이 반성하고 있어요. 매출이 갑자기 줄어들고 나서야 비로소 낭비가 많았음을 깨달았어요. 브랜드별 손익에 관한 일도 제가 미리 파악하고 있었어야 했는데, 두 사람을 힘들게 해서 정말 미안해요."

유키가 진심으로 머리를 숙이자 두 사람은 어찌할 바를 몰라했다.

유키가 이야기를 계속했다.

"지난 일을 가지고 끙끙 앓아봤자 소용없잖아요. 그래서 기무라 과장에게 브랜드별 손익을 다시 계산하게 했어요. 그 결과 아동복의 적자는 생각보다 그리 심하지 않았지만 실제로는 여성복이 적자였고, 캐주얼웨어도 적자였어요. 다시 말해 하야시다 부장님의 직감이 정확했어요."

"그랬군요."

유키의 말에 하야시다의 표정이 어두워졌다.

"하지만 한나 전체의 손익에는 변함이 없어요."

유키는 수정한 관리회계 자료를 하야시다에게 보였다.

"전체 브랜드가 적자고 게다가 고정비가 너무 많군요."

하야시다는 그렇게 말하면서 자료를 계속 살펴봤다.

"오늘 기무라 과장을 여기에 데려온 이유는 현장을 꼼꼼히 살펴보는 것이 실무에 도움이 된다고 생각했기 때문이에요. 그리고 또⋯."

유키는 이야기를 시작했다.

"주거래은행 지점장이 6개월 이내에 단기차입금 15억 엔을 상환해달라고 정식으로 요청했어요. 현재의 한나는 자금융통조차 힘든 상황인데 15억 엔을 한꺼번에 상환할 여유가 어디 있겠어요. 그런데도 지점장은 6개월 정도 여유가 있으면 충분히 상환할 수 있을 거라며 이쪽 사정은 전혀 봐주지 않고 있어요."

"만약 기한 내에 상환하지 못하면 어떻게 됩니까?"

하야시다가 조심스럽게 물었다.

"한나가 더는 가망이 없다고 판단하고 거래를 단념하겠죠. 그런 일은 생각하고 싶지도 않지만 말이에요."

유키가 힘없이 대답했다.

"부채 15억 엔을 상환하려면 채무 상환 기일까지 이익을 15억 엔 더 올려야겠군요."

하야시다의 말에 유키는 고개를 절레절레 흔들었다.

"이익이 아닌 현금, 즉 영업현금흐름을 15억 엔 더 늘려야 부채를 상환할 수 있어요."

"둘 다 같은 말 아닌가요?"

하야시다는 이익과 영업현금흐름의 차이를 이해할 수 없었다.

"이익이 영업현금흐름의 원천은 맞지만, 둘은 같지 않아요."

유키는 일회용 나무젓가락 포장지 뒷면을 펼친 뒤 식을 썼다.

**영업현금흐름＝(한계이익－고정비＋감가상각비)－운전자본(외상매출금＋재료·재공품·제품 재고－외상매입금)의 증가액**

하야시다는 유키가 쓴 식의 의미를 이해할 수 없는지 팔짱을 낀 채로 뚫어지게 쳐다만 보고 있었다.

"이것이라면 이해가 될까요? 머릿속을 정리하고자 노트에 쭉 그려 봤어요."

기무라가 노트에 그린 그림을 하야시다에게 보였다.

"숫자는 당기 실적을 백만 엔 단위로 나타낸 거예요. 적자는 1억 8천만 엔이고 영업현금흐름은 마이너스 2억 3천 6백만 엔이었어요. 이익 계산에서는 현금 지출을 동반하지 않는 감가상각비* 1억 5천만 엔이 차감되어 있어 이익을 감가상각비 차감 전인 마이너스 7천 6백만 엔으로 했어요. 재고가 큰 폭으로 증가한 탓에 운전자본이 1억 6천만 엔 증가했고, 그 결과 영업현금흐름은 2억 3천 6백만 엔 적자였어요. 그림 속의 화살표를 봐주세요. 영업현금흐름을 늘리려면 이익은 올리고 재고와 외상매출금 등의 운전자본은 줄여야 해요."

하야시다는 기무라의 설명을 들으면서 자신이 앞으로 무엇을 해야 할지 서서히 깨닫게 됐다. 가령 적자일지라도 적자 폭 이상으로 재고나 외상매출금이 줄면 영업현금흐름은 증가한다는 점이다. 하지만 어떻게 해야 운전자본을 줄일 수 있을까?

"이 이상 생각해도 결론이 나지 않을 거예요. 아즈미 선생님께서 '문제를 푸는 열쇠는 현장에 있어. 그러니 셜록 홈스의 예리한 관찰력과 행동력을 갖고 현장에 가봐(《회계학 콘서트 ①수익과 비용》 10장 참고)'라고 말씀하셨어요. 내일이 기대되는군요."

유키는 방어회 한 점을 입에 넣었다.

---

★ **감가상각비** : 건물이나 비품 등 유형고정자산의 취득원가를 내용연수(사용기간)에 따라 비용으로 배분하는 절차를 말한다. 예를 들어 100만 엔의 비품을 5년간 사용하려면 처음 샀을 때는 물론 5년분의 비용으로 할당한다. 감가상각비는 실제의 지출을 동반하지 않는 비용이므로 이익이 발생하면 감가상각을 통해 구입대금이 회수된다. 이를 자기금융이라고 한다.

　　　　　　　　　　　　　　　회계학 콘서트 ❸ 고정비와 변동비

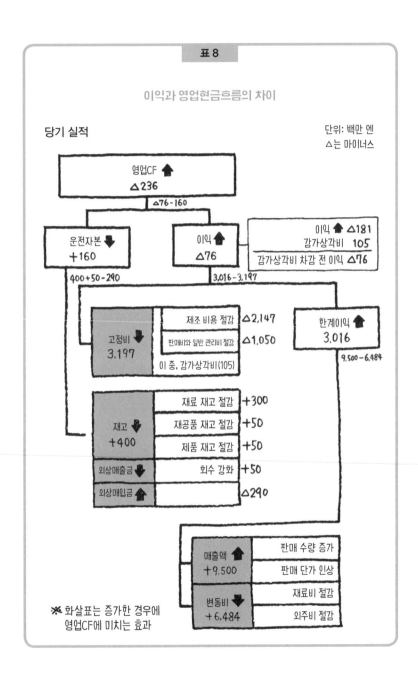

표 8

이익과 영업현금흐름의 차이

당기 실적

단위: 백만 엔
△는 마이너스

영업CF ⬆
△236

△76-160

운전자본 ⬇
+160

400+50-290

이익 ⬆
△76

3,016-3,197

이익 ⬆ △181
감가상각비 105
감가상각비 차감 전 이익 △76

고정비 ⬇
3,197

제조 비용 절감 △2,147
판매비와 일반 관리비 절감 △1,050
이 중, 감가상각비(105)

한계이익 ⬆
3,016

9,500-6,484

재고 ⬇
+400

재료 재고 절감 +300
재공품 재고 절감 +50
제품 재고 절감 +50

외상매출금 ⬇
회수 강화 +50

외상매입금 ⬆
△290

매출액 ⬆
+9,500

판매 수량 증가
판매 단가 인상

변동비 ⬇
+6,484

재료비 절감
외주비 절감

※ 화살표는 증가한 경우에
영업CF에 미치는 효과

# 공장 곳곳에 정체된 재고들

이튿날 아침, 유키는 모처럼 상쾌한 기분으로 눈을 떴다. 조식권을 들고 레스토랑에 들어가자 기무라는 이미 식사를 마치고 유키를 기다리고 있었다. 유키는 기무라가 앉아 있는 테이블에 자리를 잡은 뒤 토스트와 커피를 주문했다.

"과연 기무라 과장은 뭔가 달라. 어제 기무라 과장이 노트에 정리한 그림을 보고 하야시다 부장님도 영업현금흐름이 왜 중요한지 이해하신 것 같아."

기무라가 살며시 미소 지었다.

하지만 지금부터가 중요하다.

"공장에 도착하면 먼저 하야시다 부장님께 작업의 흐름에 대해 듣자고. 틀림없이 힌트를 얻을 수 있을 거야."

절박한 상황임에도 유키의 목소리는 들떠 있었다. 15억 엔의 자금 마련 방법만 찾으면 한나는 도산을 면할 수 있기 때문이다.

공장에 도착한 두 사람이 회의실에 들어서자 벽에는 공장 작업 흐름도가 붙어 있었다. 하야시다가 그 그림을 가리키며 설명을 시작했다(표 9).

"이미 알고 계시듯이 이 공장에서는 아동복과 고급 여성복을 만들고 있습니다. 작업 공정은 재단, 봉제, 검사 단계로 이루어져 있으며 각 공정은 복수의 보조 공정으로 나뉘어 있습니다. 재단 공정에서는 아동복과 여성복 옷감을 재단하고 있습니다. 다시 말해 공통 부문이라고 할 수 있습니다. 이 공정의 생산능력은 봉제 공정과 비교해 훨씬 뛰어나고 평균 가동률은 30퍼센트 정도입니다.

봉제 공정은 아동복 라인과 여성복 라인, 이렇게 두 개의 라인이 있고 각각 부문으로 관리하고 있습니다. 작업자가 가장 많은 곳이 바로 이 봉제 부문입니다. 아동복 라인의 작업자는 아동복 봉제만, 여성복 라인의 작업자는 여성복 봉제만 담당하고 있습니다. 그리고 검사 공정에서는 두 브랜드 상품의 품질 검사를 하고 있습니다."

다시 말해 봉제 라인 말고는 브랜드를 공통으로 작업하고 있어 회계에서도 공통 부문으로 취급하고 있다는 말이다.

기무라는 그림 속 여기저기에서 보이는 ☆표시가 신경이 쓰였다. 창고는 물론 공정 도중에도 ☆표시가 되어 있었다. 기무라가 이 표시가 의미하는 바를 묻자, 하야시다는 '재고가 정체되어 있는 장소'라고 대답했다.

재고는 창고뿐만 아니라 각 공정이 시작되기 전 단계에서도 정체를 보였다.

하야시다는 제품 재고에 관한 설명을 시작했다.

"검사가 끝난 제품은 바로 포장하여 아이치(愛知)현 도요하시(豊橋)에 있는 제품 창고로 보냅니다. 여기서는 한나 베트남에서 구입한 상품도 보관하고 있습니다. 영업부의 지시를 받아 직영점과 양판점(대형

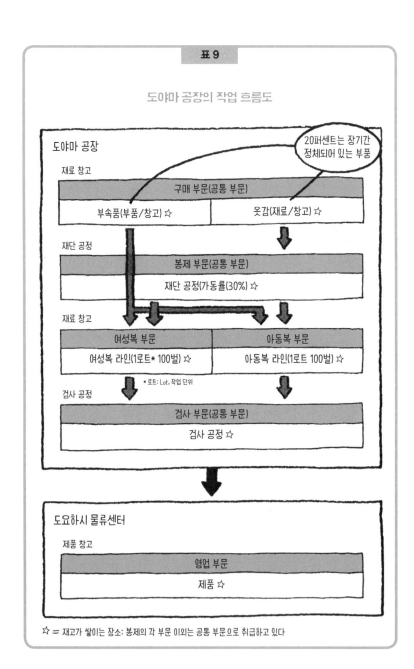

표 9

도야마 공장의 작업 흐름도

도야마 공장

20퍼센트는 장기간 정체되어 있는 부품

재료 창고

| 구매 부문(공통 부문) | |
| --- | --- |
| 부속품(부품/창고) ☆ | 옷감(재료/창고) ☆ |

재단 공정

| 봉제 부문(공통 부문) |
| --- |
| 재단 공정(가동률(30%) ☆ |

재료 창고

| 여성복 부문 | 아동복 부문 |
| --- | --- |
| 여성복 라인(1로트* 100벌) ☆ | 아동복 라인(1로트 100벌) ☆ |

* 로트: Lot. 작업 단위

검사 공정

| 검사 부문(공통 부문) |
| --- |
| 검사 공정 ☆ |

도요하시 물류센터

제품 창고

| 영업 부문 |
| --- |
| 제품 ☆ |

☆ = 재고가 쌓이는 장소: 봉제의 각 부문 이외는 공통 부문으로 취급하고 있다

소매점)에 출하하고 있습니다. 자, 그럼 공장 견학을 하러 가시지요."

하야시다는 준비한 작업모와 작업복 상의를 두 사람에게 건네고는 총총걸음으로 재료 창고로 향했다.

창고 선반에는 대롱처럼 속이 빈 막대기에 감겨 있는 옷감 몇 개가 옆으로 비스듬히 쓰러져 있었다. 사용한 흔적이 전혀 없어 보이는 것, 사용하다 남은 재료로 보이는 것, 상품 번호(종류)가 같은 옷감이 여기저기 굴러다니고 있었다.

그다음 세 사람은 부속품이 놓여 있는 부품 창고로 이동했다. 그곳 역시 선반들이 가득 늘어서 있었으며 그 위에 헤아릴 수 없이 많은 골판지상자가 산처럼 쌓여 있었다. 하야시다가 그중 몇 개의 골판지상자를 열어 두 사람에게 보였다.

거기에는 고가로 보이는 듯한 단추와 지퍼 등이 가득 차 있었다.

"항상 너무 많이 구입하는 경향이 있습니다."

"혹시 컴퓨터 발주 시스템에 문제가 있나요?"

유키가 물었다.

"그렇지 않습니다. 체계적인 구매 시스템이 없어서 그렇습니다. 그런데 재료가 없으면 제품을 만들 수 없으니까 늘 여분의 재고를 확보해두려는 경향이 있습니다. 게다가 대량으로 구입하면 볼륨 디스카운트(일정량 이상을 구매하는 경우 판매자가 구매자에게 제공하는 할인제도 – 옮긴이)를 받을 수도 있으니까요. 언제 사용할지도 모를 재고는 보유하지 말라고 그렇게 주의를 주는데도 '쇠귀에 경 읽기'입니다."

하야시다는 힘없이 고개를 떨어트렸다.

"이 재고 중에 사용할 예정이 없는 것은 얼마나 되나요?"

유키가 물었다.

"어림잡아 20퍼센트는 거품이라고 할 수 있습니다."

"20퍼센트나 된다고요?"

유키는 심장이 멎는 듯했다.

재료는 은행예금과 마찬가지로 현금의 일시적인 모습이다. 직전 3월 말까지 재료 재고 금액이 8억 5천만 엔이었으니 이 중 1.7억 엔에 달하는 현금이 정체되어 있다는 말과 같다.

세 사람은 재단 공정으로 이동했다. 여기서는 고성능 자동기계를 사용해 옷감을 재단했다. 재단이 끝난 옷감 부품이 바닥에 산처럼 쌓여 있었다. 그 모습은 3년 전과 다를 바 없었다.

"재단 공정과 봉제 공정은 생산능력이 전혀 다르기 때문에 아무리 노력해도 옷감 부품이 쌓일 수밖에 없습니다."

하야시다는 산처럼 쌓인 옷감 부품을 가리키며 말했다.

그러자 기무라가 고개를 갸웃했다.

"무슨 말인가요?"

"재단에 걸리는 작업시간이 봉제보다 훨씬 짧아. 예를 들어 1천 벌 분의 옷을 짓는 데 봉제 공정에서는 8시간이 걸리지만 재단 공정은 2시간이면 충분하지. 그런 이유로 공정별로 생산계획에 따라 작업을 하고 있어."

하야시다는 기무라가 이해하기 쉽게 설명했다고 생각했다. 하지만 기무라는 여전히 의문이 남는다는 얼굴로 이야기했다.

"재단한 옷감으로 옷을 만드니 재공품 정체는 언젠가는 해소될 거예요. 하지만 이곳의 상태를 보니 원인은 다른 곳에 있는 듯해요."

이 말에 대해 하야시다는 팔짱을 끼고 잠시 생각한 뒤 대꾸했다.

"봉제 작업이 늦어지기 때문이야. 그리고 넉넉히 재단을 하는 것도 영향을 끼치겠지."

이번에는 봉제 라인으로 자리를 옮겼다.

여기도 몇 개의 보조 공정으로 나뉘어 있었고 각 공정의 작업은 그룹 단위로 이루어지고 있었다. 다시 말해 어떤 그룹에서 1로트 100벌분의 작업을 마치면 100벌이 한꺼번에 다른 그룹으로 인도된다. 아동복 라인만 해도 보조 공정이 20개나 되니 평소 2천 벌분의 재공품이 정체되어 있다는 말이 된다.

마지막 단계인 검사 공정은 아동복 라인과 여성복 라인에서 완성된 제품을 눈과 감촉으로 한 벌씩 체크하는 작업이다. 여기도 재공품이 쌓여 있었다. 많은 제품이 한꺼번에 들어와 정체를 일으키고 있는 것이다. 이 현상도 3년 전과 비교했을 때 전혀 달라지지 않았다.

세 사람은 공장 견학을 마치고 회의실로 돌아왔다.

# 손익계산서가 보여주지 못하는
# 공장 안의 활동

"기무라 과장, 공장을 견학한 소감이 어때?"

"역시 사장님과 하야시다 부장님의 지적이 옳았어요. 공통 부문 비용을 배부하는 계산* 방식으로는 브랜드별 손익을 제대로 알 수 없겠군요."

기무라는 진심으로 승복했다는 듯이 머리를 숙였다. 그 모습을 보고 유키가 미소를 지으며 말했다.

"상당히 겸손하네. 하지만 새로 작성한 브랜드별 손익계산서로도 도야마 공장의 내부까지는 보이지 않아."

"작업시간과 재단 수량을 토대로 정확히 배분했는데도요?"

유키가 말하고자 하는 의미를 이해하지 못한 기무라가 걱정스럽게 물었다.

"그런 말이 아니라 아무리 정확하게 비용을 직접 집계해도 공장 안

---

★ **공통 부문 비용을 배부하는 계산**: 부문이나 제품에 공통으로 발생하는 비용을 소정의 기준에 따라 배부하는 것을 말한다. 배부 기준을 무엇으로 할지에 따라 계산 결과는 크게 달라진다. 예를 들어 금제품과 철제품을 만들 경우, 이 제품들의 작업 공정이 완전히 같다고 가정해보자. 그런데 배부 기준을 '재료비'에 둔다면 금제품에 배부되는 공통비는 철제품과 비교해 실제보다 더 많아진다. 또 배부 기준에 '활동'의 개념을 이용함으로써 원가계산을 정교하고 치밀하게 하려는 생각을 ABC(활동기준원가계산)라고 설명하기도 한다. 그렇지만 ABC는 배부가 아니라 직접 추적해 집계함으로써 올바른 제품원가계산과 원가관리를 실현하는 기법이다. 따라서 배부 기준에 '활동'의 개념을 이용하려는 생각은 올바르다고 할 수 없다.

에서 어떤 활동이 이루어지고 있는지 알 수 없다는 말이야."

기무라는 바로 조금 전 보았던 공장의 풍경을 떠올렸다. 예를 들어 재단 부문에서는 옷감을 검사하고 일정한 길이로 맞춰 쌓는 일, 재단 등 다양한 활동이 이루어지고 있었다. 재단기가 온종일 가동되는 일은 없다. 기계가 멈춰 있는 사이 한쪽 구석 테이블에서는 회의를 하고 있었고, 또 옷감 자투리를 주워 모아 소각로로 운반하는 사람도 있었다. 그런데 기무라가 작성한 관리회계 자료에는 그러한 활동이 전혀 반영되어 있지 않았다.

봉제 부문도 마찬가지다. 여기서는 몇 개의 그룹이 몇 장의 옷감 부품과 부속품을 꿰매어 각 부품을 만들면 마지막 그룹이 그 부품들을 서로 꿰매어 옷을 만든다. 그밖에 단추를 다는 작업과 자수를 놓는 작업 역시 각 그룹으로 나뉘어 있다. 하지만 그 그룹들이 어떤 활동(준비, 봉제, 회의 등)을 하고 있는지도 전혀 표현되어 있지 않았다.

"공장 안의 활동이 전혀 반영되어 있지 않아 브랜드별 손익계산서에서 아무것도 보이지 않는 거군요."

기운 없는 목소리로 기무라가 대답했다. 그러자 유키가 하야시다에게 이렇게 지시했다.

"하야시다 부장님, 작업 현장의 활동시간을 집계해주실 수 있을까요? 가치를 창출하는 활동과 전혀 가치를 창출하지 않는 활동을 구분하여 표시해주세요."

하야시다는 유키의 의도를 이해하지 못한 채 메모를 했다.

# 공장에 머물러 있는 재공품들

"재료 재고가 많을 거라고는 생각했지만 설마 재공품도 저렇게 많으리라고는…."

유키는 현장을 떠올리며 한숨을 쉬었다.

"재단에서 검사 완료까지 걸리는 시간이 평균 2일이므로 재공품 재고는 2일분이어야 하는데…."

하야시다가 말하자 기무라가 고개를 설레설레 흔들었다.

"3월 말 현재 재공품 재고는 매출액의 33일분이었습니다."

하야시다가 생각하는 재고 일수의 16배에 달하는 재고를 떠안고 있는 것이다.

그러자 하야시다가 뜻밖의 말을 했다.

"저번 재고정리 때는 재공품 재고가 특히 많았습니다."

"네, 뭐라고요? 그럼 평소에는 더 적은 건가요?"

기무라가 되물었다.

"많은 날도 있고 적은 날도 있어. 그날그날의 공정별 재공품 수량은 작업이 끝나서야 파악할 수 있지. 생산 일지를 보면 재공품 재고 추이를 개략적으로 알 수 있을 거야."

하야시다는 부하직원에게 전화를 걸어 자료를 가지고 오라고 지시했다. 채 5분도 지나지 않아 자료가 도착했다.

## 표 10

### 도야마 공장의 재공품 재고

단위: 백만 엔

| 재고자산(재고) | 3월 31일 현재 |
|---|---|
| 재공품 | 850 |

연간 매출액 ———————— 9,500
1일 매출액(년/365) ———— 26
재고 일수
재공품 ———————————— 33일

 

그 자료에는 매일 작업을 완료했을 때의 재공품 수량이 기록되어 있었다. 하야시다가 말한 대로 재공품 수량은 날마다 달랐다. 그리고 그 수량은 의외로 많았다. 게다가 3월 31일은 특히 많았다. 다시 말해 대량의 재공품이 큰 강을 따라 흘러가는 물처럼 도야마 공장 안을 천천히 흘러가고 있었다. 그때 유키는 메밀국수 가게에서 아즈미에게 배운 내용(《회계학 콘서트 ①수익과 비용》8장 참고)을 떠올렸다.

**돈을 잘 버는 회사는 재고가 바람처럼 휙 지나가 오랫동안 머무는 일이 없다.**

'맞아….'

공장 안을 천천히 흘러가고 있는 재공품은 현금의 일시적인 모습이다. 그렇다고 하면 공장에는 많은 현금이 잠들어 있는 것과 같다. 따라서 현금이 흘러가는 속도를 올리면 필요한 현금은 적어진다. 그렇게 해서 남은 돈을 파내면 된다.

# 제6장

# 현금흐름은
# 거짓말을 하지 않는다

# M&A를 둘러싼
# 음모를 파헤쳐라

킨설턴드인 신자키와 마사무가 긴자(銀座)에 있는 술십에서 술을 마시고 있었다. 이곳은 빌딩과 빌딩 사이에 있는, 싸고 맛있다고 평판이 자자한 가게다. 그날도 가게 안은 샐러리맨들로 붐볐다.

"마사루, 자네 회사는 도대체 언제 계약할 건가?"

신자키는 MMM사의 M&A 건이 진척되는 기미가 보이지 않자 애를 태우고 있었다.

"그렇게 안달하지 마."

"자네는 사정을 몰라서 그래. MMM사의 소유주인 마츠노 씨로부터 줄곧 독촉을 받고 있단 말이네."

신자키가 애를 태우는 이유는 따로 있었다.

이 계약을 6개월 안에 매듭지으면 매매 가격의 5퍼센트에 해당하는 수수료를 보수로 받게 된다. 하지만 6개월이 지나면 신자키와의 계약은 없었던 것으로 한다는 다짐을 받은 상태였다.

사실 신자키는 컨설팅회사에 근무할 때부터 MMM사와의 인연을 소중히 생각해왔다. 독립한 후 1년이 지난 어느 날 마츠노에게서 직접 회사를 팔고 싶다는 제안을 받았다. 적자에 허덕이던 신자키 어소시에이츠로서는 뜻밖에 좋은 조건의 돈벌이였다. 신자키는 옛 동료인 마사루가 한나의 임원으로 있다는 사실을 알고 이 건을 들고 온 것이다.

한편, 마사루는 한나 안에서 자신이 고립되어 있다는 사실에 위기감을 느끼고 있었다. 그래서 만약 MMM사의 M&A 건이 잘 해결되면 유키에게 말해 그 회사의 사장으로 자리를 옮기려고 생각하고 있었다.

"흥미로운 이야기군. 사촌 누이동생이 사장이니까 내가 말하면 잘될 거야. 걱정하지 마."

마사루는 신자키의 이야기에 자기도 한몫 거들기로 했다.

"이런 좋은 조건의 거래는 어디에도 없을 거야. 순자산이 24억 엔인 회사를 반값 이하로 살 수 있으니까 말이지. 게다가 그 회사의 판매망과 브랜드를 생각하면 그건 정말 공짜나 다름없어. 그리고 MMM사의 자산을 담보로 M&A 자금을 빌린 뒤 남은 차입금을 운전자금으로 사용하면 돼. 어때, 정말 좋은 생각이지? 자네 사촌 누이동생이 그 제안서에 사인만 해주면 된다네. 듀 딜리전스*의 발주처도

---

★ **듀 딜리전스(Due Diligence)** : M&A를 추진할 때 정말로 그 정도의 가치가 있는 회사인지 위험은 어느 정도인지를 자세히 조사하여 문제점 여부를 파악하는 작업.

이미 정해져 있으니까. 그 회사라면 혹여 미심쩍은 부분이 있더라도 적당히 얼버무려줄 거야. 이 건이 차질 없이 잘 마무리되면 수수료로 5천만 엔을 받게 돼. 그럼 자네에게 그 절반을 줄 테니 어떤 일이 있어도 꼭 사인을 받아내야 하네. 부탁해."

신자키는 머리까지 숙여가며 말했다.

## 독이 든 사과는 맛있어 보인다

게힌도호쿠(京浜東北)선 역 근처 인적이 드문 골목에 그 가게가 있었다. 비좁은 계단을 올라가 낡고 허름한 문을 열고 들어가니 젊은 손님들로 붐볐다. 이곳은 알 만한 사람들은 다 아는 베트남 요릿집이었다.

유키를 비롯한 일행은 군데군데 칠이 벗겨지고 색이 바래 지저분해 보이는 4인용 테이블에 자리를 잡았다.

"사장님도 이런 가게에 오시는군요."

기무라가 뜻밖이라는 듯이 물었다.

"이곳 요리 정말 맛있어. 어쩌면 호찌민에서 먹는 것보다 더 맛있을지도 몰라."

베트남 출장의 가장 큰 즐거움은 다양한 향토요리를 맛볼 수 있다는 점이다. 그중에서도 베트남의 옛 수도였던 후에Hue(베트남 중부 후에 강기슭에 있는 도시 - 옮긴이) 요리가 가장 인기 있다. 이 가게는 그곳 요리를 맛볼 수 있는 몇 안 되는 곳 가운데 하나다.

유키는 여종업원을 불러 요리를 주문했다.

"반 베오Banh Beo(쌀가루로 만든 푸딩 - 옮긴이), 반 우딧 누온Banh Uot Thit Nuong(돼지고기로 만든 스프링롤 찜 - 옮긴이), 반 코아이Banh Koai(미니 해물파전 - 옮긴이)를 순서대로 가져다줘요. 그리고 맥주도 부탁해요."

이윽고 맥주가 나왔다.

"우리 앞으로 더 열심히 노력해요. 자, 건배!"

유키의 선창으로 세 사람은 맥주잔을 들어올려 건배했다.

"마사루 실장님의 제안을 어떻게 생각해?"

유키는 숟가락으로 반 베오를 먹으면서 기무라에게 물었다.

"흥신소를 통해 MMM사를 조사해봤어요. 그랬더니 그 회사는 자사 브랜드 제품을 직영점에서 판매하고 있고 실적 또한 순조로우며 자금융통에도 전혀 문제가 없는 초우량 기업이라고 하더군요. 점포수가 50개, 연간 매출액이 100억 엔이니 점포 1개당 연간 매출액이 2억엔인 셈이에요. 다만, 장사가 잘되는 점포와 그렇지 못한 점포가 있다고 해요. 그리고 50개 점포 중 20개 점포는 자사 건물에서 영업하고 있고, 20개 점포는 백화점에서 위탁판매를 하고 있으며 나머지 10개는 임차한 노면 점포였어요."

기무라의 설명이 끝나자 유키가 두 사람에게 말했다.

"마사루 실장님은 MMM사를 사들여 직영점에서 한나 제품을 팔면 도야마 공장과 베트남 공장 모두 가동률이 상승할 거라며 대단히 적극적이에요."

"MMM사와 M&A라고요? 마사루 실장님다운 생각이군요. 사장님께선 당연히 거절하셨겠지요?"

하야시다가 불쾌한 표정을 지으며 유키에게 물었다.

하지만 유키는 얼른 대답하지 않았다.

"설마….'

"그 점이 알고 싶어요. 하야시다 부장님은 왜 반대하시나요?"

"그 회사는 곧 도산할 거라는 소문이 돌고 있습니다."

"예에!?"

유키는 기가 막혀서 말이 안 나왔다.

"하지만 컨설턴트인 신자키 씨의 제안서에는 그 회사가 창업 이래 단 한 번도 적자를 경험한 적이 없고 부채도 없으며 내부유보가 20억 엔이나 된다고 쓰여 있었어요. 그 소문 어디서 들었나요?"

하야시다가 고개를 절레절레 흔들더니 말했다.

"정 그러시면 아사쿠라 영업부장에게 물어보십시오."

이윽고 돼지고기로 만든 스프링롤 찜이 나왔다. 유키가 젓가락으로 집으려고 할 때였다. 입구 문이 열리고 약간 뚱뚱해 보이는 중년 남성 한 명이 들어왔다. 그 사람은 다름 아닌 유키가 너무나도 잘 아는 술꾼에 걸귀인 아즈미였다.

"아, 아즈미 선생님!"

유키는 자신도 모르게 그만 소리를 질렀다.

아즈미도 뜻밖이라는 듯 덥수룩한 머리를 긁적이며 멋쩍은 표정으로 유키에게 다가왔다.

"아, 유키. 이런 곳에서 만나다니….”

아즈미는 빈자리에 앉았다.

테이블 위의 스프링롤 찜을 보자마자 "어, 반 우딧 누온이군"이라고 말한 뒤 손으로 얼른 집어 입으로 가져갔다.

"정말 걱정했어요.”

유키는 감정이 복받쳐 목이 멨다.

"괜찮아 보이는군요.”

유키는 애써 웃음 지었다.

"미안.”

아즈미는 유키에게 머리를 숙였다. 그리고 프랑스 고급 레스토랑 사건의 진상과 병원에 2주일이나 입원해 모습을 감출 수밖에 없었던 이유에 대해 솔직하게 털어놓았다.

유키는 "선생님, 너무 걱정하지 않으셔도 돼요"라고 말하고는 하야시다와 기무라를 소개했다.

"하야시다 씨와는 전에 한 번 만난 적이 있지요? 이쪽 아가씨는 유키가 홀딱 반한 그 경리과장인가?"

기무라가 얼굴을 붉히며 미소 지었다.

아즈미는 여행, 식사, 와인에 관한 이야기를 했다. 세 사람은 아즈미의 신비한 매력에 점차 빠져들어갔다.

식사가 끝나고 대나무 차가 나왔을 때 유키는 MMM사의 M&A 건에 대해 아즈미의 의견을 구했다.

"독이 든 사과는 맛있게 보이는 법이지."

아즈미는 그 말만 하고는 대나무 차를 마셨다. 그때 점원이 다가와 아즈미에게 말을 걸었다. 뒤돌아보니 양복 차림을 한 중년 남성 두세 명이 입구에 서 있는 것이 보였다. 아즈미는 곧장 일어서서 유키에게 말했다.

"오늘 식사 약속을 한 사람들이 왔군. 저 뚱뚱한 남자가 다카다 씨의 상사야."

"다카다라면 분쿄(文京)은행 지점장을 말씀하시는 건가요?"

"맞아. 저 사람은 사실 내 제자야. 좀 칠칠치 못하지. 아, 그래 예전에 그에게도 '이익이란 무엇일까?'라고 물은 적이 있어. 하지만 유감스럽게도 그는 아직까지 그 답을 찾지 못하고 있어."

아즈미는 그 말을 남기고는 제자들이 기다리는 테이블 쪽으로 갔다.

## 제품 종류의 증가는 경영에 마이너스다

약속 장소인 전시실은 생각보다 훨씬 붐볐다. 유키는 기무라를 발견하자 서둘러 다가갔다.

"오래 기다렸지? 하야시다 부장님은?"

기무라는 하야시다가 갑자기 단골 거래처의 클레임에 대응해야 하는 일이 생겨 올 수 없게 됐다고 대답했다.

두 사람은 전시실을 나와 아오야마 거리를 따라 시부야(澁谷)를 향해 걷기 시작했다. MMM사의 직영점은 금세 찾을 수 있었다.

"무엇을 찾고 계십니까?"

점원이 선글라스를 낀 유키에게 말을 걸었다.

"아니요. 지나는 길에 잠시…."

유키는 점원의 말을 능숙하게 맞받아쳤다.

"이 가게 점원은 한 사람뿐인가요?"

그러자 점원이 대답했다.

"네."

유키가 다시 물었다.

"이 가게는 언제 개점했나요?"

"저도 잘 모르겠는데요."

그 점원은 어리둥절한 표정을 지으며 대답했다.

유키는 그녀가 파견 사원이거나 시간제 근무자가 틀림없다고 생각했다. 유키가 점원과 이야기를 나누는 동안 기무라는 가게 안을 구석구석 둘러봤다. 공간에 어울리지 않게 진열된 옷이 적었다. 그리고 최고의 입지 조건임에도 손님이 전혀 없었다. 게다가 가게 이곳저곳 칠이 벗겨지고 색이 바랜 모습도 눈에 들어왔다.

두 사람은 20분 정도 가게 안을 둘러보고 나서 밖으로 나왔다.

"하야시다 부장님이 말한 내용이 맞을지도 몰라."

"저도 그런 생각이 들어요. 만약 저 점포가 임대가 아니라면 제대로 꾸려나갈 수 없겠어요."

기무라는 갑자기 왠지 모를 부자연스러움이 마음에 걸렸다.

"저 점포, 언뜻 봐도 10년은 넘은 것 같지 않아요? 그리고 이익을 못 내고 있는데 왜 해약을 하지 않을까요?"

유키도 같은 생각을 하고 있었다.

"돌아가서 아사쿠라 부장님께 물어보자고."

두 사람은 택시를 잡아타고 본사로 향했다.

유키는 본사에 도착하자마자 즉시 영업부장 아사쿠라를 불렀다.

"기무라 과장과 아오야마에 있는 MMM사의 직영점을 보고 왔는데 예상외로 한산했어요."

"그럴 겁니다. MMM사는 노면 점포 탓에 회사가 상당히 심각한 위기에 처해 있다고 합니다. 업계에서는 벌써 소문이 자자합니다."

그러자 유키가 물었다.

"직영점 50개 점포 중 아마도 10개 점포가 노면 점포지요?"

"잘 아시네요. 그 노면 점포 모두 완벽히 똑같은 구조로 되어 있어 마치 클론 같습니다."

"그 말은 설계사와 디자이너가 같다는 의미인가요?"

유키가 물었다.

"직영 1호점이 바로 기타아오야마(北青山)점입니다. 처음에는 신문 일요일판에도 실릴 정도로 인기 점포였습니다. 그래서 시부야, 하라주쿠(原宿), 삿포로(札幌), 오사카신사이바시(大阪心齋橋), 나고야사카에(名古屋榮) 등 2년 동안 점포를 10개로 늘렸다고 합니다. 사장님도 기타아오야마점에 가보셔서 아시겠지만 밝고 화사한 느낌을 받았을 겁니다. 그런데 이젠 그 디자인에 싫증이 난 거겠지요. 2년 전쯤인가부터 손님의 발길이 뚝 끊겼다고 들었습니다."

"그럼에도 직영점을 계속 유지하는 이유는 뭔가요?"

유키는 이해할 수 없다는 표정으로 물었다.

"글쎄요. 임대라서 그런 건 아닐까요? 그 회사 소유주는 워낙 돈에 철저해서 빌릴 때 임차료를 최대한 깎는다고 합니다. 자사 빌딩이 아니라서 속이 편해 그럴 겁니다."

아사쿠라는 한편으론 부러운 듯한 표정으로 말했다.

"만약 그 회사를 인수합병하면 적어도 실내 장식과 실외 장식은 바꿔야겠어. 한나 브랜드 옷들을 그런 가게에 진열할 수는 없으니까 말이야."

유키가 혼잣말을 했다.

"사장님은 인수합병을 하실 생각인가요?"

둘의 대화를 듣고만 있던 기무라가 깜짝 놀란 표정으로 물었다.

"오해하지 마. 어디까지나 만약에 하게 된다면이니까."

그러자 아사쿠라가 유키의 등을 떠미는 듯한 발언을 했다.

"MMM사는 노면 점포를 제외하면 전혀 문제가 없습니다. 만약 M&A가 잘 성사되면 노면 점포를 철수하면 됩니다. 게다가 MMM사는 디자이너도 유능하고 질이 높은 협력회사도 있습니다. 뭐니 뭐니 해도 판매망을 확대할 수 있다는 이점이 있습니다. 우리 회사는 간토(關東) 지방을 중심으로 영업하고 있지만 MMM사는 인구 50만 명이 넘는 모든 도시에 직영점을 두고 있으니까요. 한나가 단숨에 기사회생할 수 있을 거라고 생각합니다."

아사쿠라는 M&A를 권했다.

"매출이 증가하면 더 바랄 것이 없겠지요. 좀 더 생각해보고 결정할게요. 제가 사려고 해도 은행에서 융자를 해주지 않으면 살 수 없으니까 말이죠."

"그리고 또…."

유키는 제품의 종류로 화제를 바꿨다.

지금까지 두 번에 걸쳐 제품의 종류를 선별해 과감히 압축했다. 그런데 최근 조금씩 제품 종류가 증가하는 경향을 보이고 있었다. 유키는 지금까지의 경험에서 제품 종류의 증가는 경영에 마이너스라는 점을 충분히 알고 있었다.

첫째, 재고가 증가한다. 재고는 현금의 일시적인 모습이기 때문에 자금융통에 지장을 준다.

둘째, 만드는 제품이 많을수록 그만큼 작업 절차를 변경하는 횟수가 늘어난다. 그사이 봉제 작업자의 대기시간 역시 증가한다.

셋째, 인기 상품의 공급 부족 현상으로 없어서 못 파는 일이 발생한다. 그런 까닭에 유키는 다시 한번 제품의 종류를 압축하고 싶다는 생각을 하고 있었다.

"그렇군요…."

아사쿠라는 영업부장으로서 생각하는 바를 유키에게 전했다.

"영업 담당인 저는 어떻게 해서든지 매출을 늘리고 싶습니다. 따라서 제품의 종류는 많을수록 좋고 또 없어서 못 파는 일이 생기지 않도록 재고를 많이 보유하고 싶습니다. 게다가 마사루 실장님으로부터 '간부는 늘 기회손실을 고려해야 한다'라는 말을 들었습니다. 하지만 사장님이 그리 말씀하신다면야…."

아사쿠라의 얼굴에는 곤혹스러운 듯한 기색이 역력했다.

"오해하지 마세요. 제 말은 매출을 늘리지 않아도 된다는 게 아니에요. 잘 팔리지 않는 제품까지 만드는 것은 회사 전체를 볼 때 분명히 마이너스라고 말하는 거예요. 인기 상품으로 압축하면 회사 전체의 재고가 줄어 자금융통이 훨씬 수월해질 거예요."

유키는 자신의 생각을 말했다.

"우리 회사에 재고가 많다는 사실은 이미 알고 있습니다. 하지만 MMM사의 직영점에 하나의 제품을 진열하면 무리해서 제품의 종류를 줄이지 않아도 그 정도의 재고는 금세 매진될 것으로 봅니다. 역시 M&A를 추진해야 합니다."

아사쿠라는 말을 마치자마자 단골 거래처와의 약속이 있다며 자리를 떴다.

## 흑자에다 부채도 없는데
## 영업현금흐름은 마이너스?

아사쿠라가 사장실을 나간 것을 확인하자마자 기무라가 유키에게 똑같은 질문을 했다.

"사장님은 만약 자금이 확보된다면 MMM사를 인수합병하실 생각인가요?"

그러자 유키는 고개를 가로저으며 기무라에게 되물었다.

"지금은 이것도 저것도 아닌 백지상태라고 할 수 있어. 기무라 과장, 뭔가 걱정스러운 점이라도 있나 본데?"

기무라는 A4 용지에 인쇄된 자료를 유키에게 보였다(표 11).

표 11

## MMM사의 현금흐름표

단위: 백만 엔, △은 마이너스

| 구분 | 기말 결산 |
|---|---|
| Ⅰ 영업 활동에 따른 현금흐름 | |
| 당기순이익 | 106 |
| 감가상각비 | 100 |
| 매출채권의 증감액(증가: △) | △50 |
| 재고자산의 증감액(증가: △) | △240 |
| 매입채무의 증감액(감소: △) | 50 |
| 기타 | △20 |
| 영업 활동에 따른 현금흐름 | △54 |
| Ⅱ 투자 활동에 따른 현금흐름 | |
| 유형고정자산의 취득에 따른 지출 | △80 |
| 보증금 지출 | △150 |
| 보증금 회수에 따른 수입 | 50 |
| 유가증권 매각 수입 | 50 |
| 투자 활동에 따른 현금흐름 | △130 |
| Ⅲ 재무 활동에 따른 현금흐름 | |
| 배당금 지급액 | △50 |
| 재무 활동에 따른 현금흐름 | △50 |
| Ⅳ 현금 및 현금등가물의 증감액 | △234 |
| Ⅴ 현금 및 현금등가물의 기초 잔액 | 434 |
| Ⅵ 현금 및 현금등가물의 기말 잔액 | 200 |

이것이 뒤틀림의 원인

5천 400만 엔 적자

2억 3천만 엔 투자

1억 엔 회수

잉여현금흐름도 1억 8천 4백만 엔 적자

"MMM사의 현금흐름표를 작성해봤어요."

유키는 이미 손익계산서와 재무상태표는 확인한 상태다. 그때는 몇 가지 의심스러운 점이 있긴 했지만 인수합병을 단념할 정도는 아니었다. 그러나 생각지도 못한 지뢰가 묻혀 있을지도 모른다고 생각해 만일을 위해 현금흐름표를 작성하라고 기무라에게 지시했었다.

유키는 현금흐름표를 뚫어지게 쳐다봤다.

"이익과 영업현금흐름이 뒤틀려 있어."

당기순이익이 1억 6백만 엔임에도 현금인 영업현금흐름은 5천 4백만 엔 적자다. 다시 말해 1년 동안 사업을 한 결과 현금이 감소했다는 말이다.

주된 원인은 재고가 증가했기 때문이다. 겨울옷 재고 때문일까? 또는 봄, 여름용 옷감을 많이 조달했기 때문일까? 아무튼 영업현금흐름이 적자면 심각한 상태임이 틀림없다.

유키는 투자현금흐름으로 눈을 돌렸다. 그리고 보증금에 눈을 고정했다. 점포 철수에 따른 보증금의 회수와 투자유가증권 매각 수입으로 1억 엔을 확보해 점포 리모델링과 신규 개점에 2억 3천만 엔을 사용하고 있었다. 그 결과 영업현금흐름에서 투자현금흐름을 차감한 잉여현금흐름$^{FCF, Free Cash Flow}$은 1억 8천 4백만 엔(△54+△130) 적자가 됐다. 그럼에도 5천만 엔을 배당금으로 지급했기 때문에 수중에 남은 현금은 2억 3천 4백만 엔으로 감소했다. MMM사는 겉보기와는 달리 경영 상태가 매우 위태로울 가능성이 컸다.

"기무라 과장의 생각을 듣고 싶어."

유키는 기무라가 무엇을 느끼고 있는지 알고 싶었다.

"흑자에다가 부채도 없어요. 하지만 영업현금흐름은 마이너스에요. 신규 점포가 계속해서 늘어나는 이유는 개점을 반복해야 매출을 유지할 수 있기 때문이라고 생각해요. 잉여현금흐름이 적자이므로 배당금 지급을 보류해야 했어요. 손익계산서와 재무상태표를 봤을 때와는 전혀 다른 느낌이에요. 이 인수합병 건에는 뭔가 흑막이 있을 것 같아요."

기무라가 대답했다.

"흑막이라니…?"

유키가 몸을 앞으로 쭉 내밀었다.

"이건 어디까지나 제 상상인데요, 이 회사의 소유주가 보유한 주식의 매각을 서두르는 진짜 이유는 따로 있는 게 아닐까요?"

"예를 들면?"

"주식을 10억 엔에 팔아도 손해를 안 본다든지…."

기무라가 말한 내용은 유키의 생각과 완전히 일치했다.

'MMM사의 결산서에는 무언가가 감춰져 있는 게 틀림없어.'

유키는 찜찜한 기분을 떨칠 수 없었다.

## 이익의 질이란 무엇일까?

2008년 9월 15일, 미국의 대표적 투자은행인 리먼 브라더스 홀딩스Lehman Brothers Holdings가 미국 연방 파산법 제11장(한국의 법정관리-옮긴이)을 신청해 사실상 도산했다. 이날을 기점으로 세계 경제는 100년에 한 번 있을까 말까 한 엄청난 불황에 빠지게 되었다.

리먼 브라더스 홀딩스가 파탄을 맞게 된 원인이 다각도로 분석되고 있지만, 그 파탄의 이면에 '이익의 질'이 깊이 관련되어 있음은 그다지 알려지지 않았다. 이익의 질을 논할 때 가장 중요한 것은 이익에 현금의 뒷받침이 있는지 없는지 하는 점이다. 다시 말해 이익과 영업현금흐름이 뒤틀려 있으면 그 이익은 '질이 낮은 이익'이라고 볼 수 있다.

또 하나는 현금의 뒷받침이 있는 이익을 지속적으로 획득할 수 있느냐의 여부다. 예를 들어 오랫동안 보유하던 토지를 매각해 이익을 냈을지라도 그 이익은 질이 높은 이익이라고 할 수 없다. 다시 말해 현금흐름이 뒷받침되고 또 지속가능한 이익이 곧 '질이 높은 이익'이다.

리먼 브라더스 홀딩스는 직원들에게 일본 엔으로 환산하면 수천만 엔 또는 수억 엔에 달하는 고액의 급여를 지급했음에도 파탄 직전의 사업연도(2007년 11월)까지 4천억 엔이 넘는 이익을 계상해왔다. 그런데 이듬해 9월, 갑자기 심각한 경영 파탄에 직면했다. 이 수수께끼를 푸는 열쇠는 리먼 브라더스 홀딩스의 '현금흐름표'에 있다(표 12).

이익과 영업현금흐름이 뒤틀린 원인은 '운전자본의 증가' 때문이다. 운전자본은 주택담보대출증권, 서브프라임 모기지론(비우량 주택담보대출)을 결합한 금융상품 등의 매입

## 표 12

### 리먼브라더스 홀딩스의 현금흐름표

단위: 백만 달러

| | 2004.11.30 | 2005.11.30 | 2006.11.30 | 2007.11.30 |
|---|---|---|---|---|
| 순이익 | 2,369 | 3,260 | 4,007 | 4,192 |
| 감가상각비 합계 | 428 | 426 | 514 | 577 |
| 외상매출금 증가 | △2,957 | △3,700 | △5,578 | △14,708 |
| 외상매입금 증가 | 6,710 | 4,834 | 9,899 | 20,395 |
| 운전자본 증가 | △21,418 | △18,756 | △46,820 | △58,146 |
| 기타 업무 활동 | 1,298 | 1,731 | 1,602 | 2,095 |
| 영업현금흐름 | △13,570 | △12,205 | △36,376 | △45,595 |
| 투자현금흐름 | △531 | △447 | △792 | △1,698 |
| 단기부채(유동부채) | 526 | 84 | 4,819 | 3,381 |
| 장기부채(고정부채) | 20,485 | 23,705 | 48,115 | 86,302 |
| 장기부채 상환(고정부채 상환) | △10,820 | △14,233 | △19,636 | △46,255 |
| 보통주 발행 | 659 | 1,245 | 637 | 443 |
| 보통주 매입 | △1,693 | △2,994 | △2,678 | △2,605 |
| 배당금 | △258 | △302 | △342 | △418 |
| 기타 재무 활동 | 2,420 | 4,857 | 7,340 | 7,744 |
| 재무현금흐름 | 11,619 | 12,112 | 38,255 | 48,592 |
| 순현금흐름 | △2,482 | △540 | 1,087 | 1,299 |

**회계학 콘서트 ❸ 고정비와 변동비**

으로 증가했다. 그 결과 영업현금흐름은 450억 달러의 적자가 됐다. 자기자금이 없으므로 금융상품을 담보로 해서 외부에서 조달했다. 재무현금흐름이 480억 달러로 영업현금흐름과 거의 비슷한 금액이 증가한 이유는 바로 그 때문이다.

2008년으로 접어들자 금융상품이 헐값에 판매되고 시가가 폭락했다. 이러한 결과로 평가손은 물론 담보 가치도 없어지면서 자금조달이 어려워졌고, 리먼 브라더스 홀딩스는 순식간에 사라져버리고 말았다. 직원들에게 지급된 고액 급여의 원천은 바로 차입금이었던 것이다.

# 제7장

# 외화환산회계의 착시현상

## 주거래은행을 방문한 마사루

"아니, 두 분이 무슨 일로 오셨습니까?"

다카다 지점장은 두 사람의 갑작스러운 방문에 어리둥절했나.

소파에는 사토미와 마사루가 차분한 표정으로 앉아 있었다.

다카다는 사토미가 이곳에 온 이유를 짐작할 수 없었다.

"이전에 말씀드린 MMM사와의 M&A 자금에 관한 일입니다만…."

마사루는 말을 꺼내기가 무섭게 바로 본론으로 들어갔다.

그러자 다카다가 곤혹스러운 표정으로 마사루의 말을 가로막았다.

"그 이야기는 본사에 확인해봤는데 아직 한나에서 회답이 오지 않았다더군요. 그건 그렇고 그 MMM사의 재무 정보를 도저히 입수할 수가 없습니다."

두 사람 쪽을 잠깐 보더니 다카다가 말을 이었다.

"여하튼 창업 이래 전혀 부채가 없고 은행과의 거래도 거의 없는 회사라서요. 이건 어디까지나 소문인데 그 사장은 예금을 꺼려 회사

규모에 비해 예금 잔액도 적다고 합니다. 그런 이유로 MMM사의 재무 상태를 조사할 수가 없습니다. 더욱이 조사전문회사에 의뢰해도 보안이 철저해 좀처럼 알아낼 수가 없었습니다. 세무서에야 결산서가 있겠지만 거기서도 보여주려고 하지 않습니다. 이제 믿을 것은 이전에 마사루 씨에게서 건네받은 컨설턴트 보고 자료뿐입니다. 하지만 그 자료 역시 신자키 씨가 출처를 밝히지 않고 있습니다. 출처를 알 수 없는 자료는 신용할 수 없기에 저도 무척 곤란한 입장입니다."

그러자 마사루가 얼굴을 붉히며 말했다.

"그 자료는 신자키 씨가 MMM사의 사장이 보여준 결산서를 잽싸게 디지털카메라로 찍어 작성한 것입니다. 그에게는 그 근거가 되는 영상 데이터가 있습니다."

"사장 몰래 사진을 찍었단 말입니까? 그건 더더욱 납득할 수가 없군요."

"그럼 어떻게 해야 융자를 해주시겠습니까?"

마사루는 강한 어조로 다그쳤다.

"진심으로 인수합병할 생각이시라면 먼저 듀 딜리전스를 해야겠지요. 그건 전문가에게 맡기면 됩니다. 그러면 MMM사의 경영 상태와 재무 상태가 명확해지겠지요."

다카다 지점장은 MMM사가 과연 10억 엔을 지급할 만한 기업 가치가 있는지를 전문가에게 의뢰해 조사할 것을 권했다. 하지만 마사루는 단호한 표정으로 이렇게 말했다.

"지금 상황에 듀 딜리전스는 낭비라고 생각합니다. 결산서를 보면 알 수 있으니까요. 게다가 15억 엔을 상환해야 하는 기한까지는 앞으로 3개월밖에 남지 않았습니다. MMM사를 손에 넣으면 한나의 매출은 확실히 증가합니다."

"이익을 15억 엔 늘리려면 세금 차감 후 이익률을 5퍼센트로 할 때, 매출액을 300억 엔이나 늘려야 한다는 계산입니다. MMM사를 인수 합병하는 것만으로 그 정도의 매출이 증가할까요?"

다카다는 의심의 눈초리를 보냈다.

"전부 매출로 조달하려고 생각하고 있지는 않습니다. 경비를 절감하는 것이 기본입니다. 생각이 많고 행동이 더딘 우리 사장님의 등을 떠민 끝에 가까스로 재료비와 고정비를 5억 엔 정도 절감할 계획을 세웠습니다."

마사루는 자신에 찬 표정으로 이야기를 계속했다.

"임금 삭감에는 정말 저항이 심했습니다. 특히 제조 담당 겸 임원인 하야시다 부장이 완강했죠. 경영과 회계에 문외한인 그의 반대가 얼마나 심하던지… 하지만 결국 제 생각대로 됐습니다."

"음…."

다카다는 마사루의 이야기를 잠자코 듣고 있었다. 그러자 지금까지 두 사람의 대화를 듣고만 있던 사토미가 끼어들었다.

"지점장님께서도 유키에게 이야기 좀 해주세요. 이렇게 뛰어난 사촌 오빠가 한나를 위해 일부러 입사를 해줬는데 좀체 말을 귀담아들으려고 하지 않아요."

"글쎄요…."

다카다는 애매한 대답을 했다.

"다카다 지점장님, 한나를 살려주세요. 부탁해요."

사토미는 두 손을 꼭 모으며 고개를 숙였다.

하지만 다카다는 융자한 자금을 회수하는 쪽으로 마음이 기울고 있었다. 결정적인 이유는 한나 베트남의 결산 결과 때문이었다. 이전부터 유키는 한나 베트남은 아무런 문제가 없다고 했다. 그런데 분교은행 호찌민 지점에서는 한나를 '파탄 직전'이라고 보고했다.

다카다 지점장은 유키가 거짓말을 했다고 생각했다.

"마사루 실장님, 상환 기한까지는 아직 3개월이 더 남아 있습니다. 실장님 말씀에 의하면 5억 엔은 충분히 상환할 수 있다고 하니 남은 10억 엔도 실장님 정도의 능력이라면 문제 없겠지요. 사토미 씨, 그렇지 않습니까?"

다카다는 마사루의 반응을 살폈다.

# 영문을 알 수 없는
# 자회사의 채무초과

그날 오후 유키는 다카다 지점장을 만나기 위해 분교은행을 방문했다. 생각지도 못한 두통거리를 해결하기 위해서였다.

회의실에서는 다카다가 기다리고 있었다.

"3개월 이내에 15억 엔을 만들 수 있겠습니까?"

다카다는 느닷없이 물었다.

"노력하고 있어요."

유키가 대답하자 A4 용지를 유키에게 건넸다.

"실은 저희 은행 호찌민 지점에서 이런 보고가 있었습니다."

그 보고서에는 유키가 생각지도 못한 숫자가 나열되어 있었다.

"이게 도대체 어떻게 된 일입니까?"

다카다 지점장은 영문으로 'HANNA VIETNAM Co. LTD'라고 쓰인 재무상태표를 가리켰다(표 13).

"순자산이 마이너스 47억 동, 즉 1엔을 177동으로 계산하면 약 2천 600만 엔의 채무초과\*입니다. 사장님이 모르고 있었다고는 생각하지 않습니다. 혹시 한나 베트남이 전혀 가망 없는 건 아닙니까? 사장님, 저에게 뭔가 숨기는 게 있습니까?"

다카다는 지금까지와는 달리 신랄한 어조로 말했다. 하지만 유키에게는 전혀 짚이는 바가 없었다.

"채무초과란 말입니다."

다카다가 되풀이했다.

채무초과란 재무상태표에서 부채(빚)가 자산보다 많은 상태다. 즉

---

★ **채무초과** : 재무상태표의 부채 총액이 자산 총액을 초과하는 상태를 말한다. 다시 말해 자산을 모두 처분해도 부채를 모두 상환할 수 없는 상태다. 채무초과가 되면 기업의 신용도가 낮아져 융자를 거의 받을 수 없게 된다.

**표 13**

한나 베트남(HANNA VIETNAM Co. LTD)의 재무상태표

단위: 백만 동, △은 마이너스

| 현금예금 | 17,700 | 외상매입금 | 53,100 |
|---|---|---|---|
| 외상매출금 | 70,800 | 차입금 | 230,100 |
| 고정자산 | 190,000 | 순자산 | △4,700 |
| | | 자본금 | 30,000 |
| | | 잉여금 | △34,700 |
| 합계 | 278,500 | 합계 | 278,500 |

전 자산을 매각해 부채를 정산해도 아직 부채가 남는다는 뜻이다.

한나는 이 회사의 차입금을 보증하고 있다. 그러니 다카다가 보기에 이런 자회사를 안고 있어서는 차입금을 상환할 수 없을 것이라고 생각한 것 같다.

"그럴 리 없어요. 무슨 착오가 있는 것이 분명해요."

유키는 부정했다.

하지만 다카다는 어림 없는 소리라며 서류를 다시 들이밀었다.

"사장님, 이건 한나 베트남에서 작성해 저희 은행 호찌민 지점에 직접 제출한 결산 자료입니다. 여기 경리 담당 책임자의 사인도 있습니다."

그것은 틀림없이 경리 부문 책임자인 호아Hoa의 사인이었다.

"한나는 정말 재건할 수 있는 겁니까? 저도 어떻게든 돕고 싶습니다. 하지만…."

말은 그렇게 하면서도 다카다는 팔짱을 낀 채 벌레 씹은 표정을 짓고 있었다.

유키는 아무리 생각해도 납득할 수 없었다. 한나 베트남의 결산서라면 이미 확인한 상태였다. 채무초과라면 당연히 눈치를 챘을 것이다. 유키가 살펴본 결산서에는 그 어떤 문제도 없었다. 실제로 현금 흐름이 원활히 회전하고 있고, 최근 1년 동안 자금 원조도 하고 있지 않았다. 그러나 다카다 지점장에게서 건네받은 재무상태표에는 분명히 채무초과로 되어 있었다.

호아가 결산서를 수정했을까? 그런 일은 있을 수 없다. 그녀에게는 결산서를 허위로 작성할 이유가 전혀 없기 때문이다. 게다가 호아는 총명하고 성실한 직원이었다.

"말도 안 돼요."

유키는 강하게 부정했다. 그런데 유키의 강경한 발언이 사태를 악화시켰다.

"이번 건은 15억 엔을 상환하는 것만으로 해결될 문제가 아닌 듯싶군요. 사장님, 실은 조금 전 사토미 씨와 마사루 실장님이 저를 찾아왔었습니다. 사토미 씨는 자택이 담보로 잡혀 있어 여간 걱정하는 눈치가 아니었습니다. 충분히 이해가 됩니다. 마사루 실장님도 열심히 하고 있으며 게다가 훌륭한 경력을 쌓아왔습니다. 한나의 경영자로서 전혀 나무랄 데 없다고 생각합니다. 그러니 사촌 오빠의 도움을 받으시는 게 어떻겠습니까? 모친인 사토미 씨의 의향도 그런 것 같고 저도 그렇게 생각합니다."

유키는 갑작스러운 다카다의 변심에 할 말을 잃었다.

### 똑같은 결산서도 정반대로 해석된다

유키는 본사에 돌아오자마자 다카다 지점장에게서 건네받은 재무상태표를 기무라에게 보였다.

"엔으로 환산하면 약 2천 600만 엔의 채무초과야. 하지만 한나 베트남이 그런 심각한 상태라는 말은 한 번도 들은 적이 없어."

"호아와 조금 전까지 전화로 이야기했는데 평소와 전혀 다름없었어요. 정 그러시면 지금 당장 확인해보겠어요."

기무라가 자리를 떴다.

유키는 틀림없이 뭔가 착오가 있으리라고 생각했다. 하지만 유키가 지금 손에 쥐고 있는 것은 분명히 호아가 사인한 재무상태표다.

잠시 후, 기무라가 서류철을 들고 돌아왔다.

"확인해봤는데, 송부된 결산서임이 틀림없어요."

"그럼, 은행에 잘못된 자료를 제출했다는 건가?"

**표 14**

### 한나 베트남(HANNA VIETNAM Co. LTD)의 재무상태표

단위: 천 엔

| 현금예금 | 100,000 | 외상매입금 | 300,000 |
|---|---|---|---|
| 외상매출금 | 400,000 | 차입금 | 1,300,000 |
| 고정자산 | 1,407,407 | 순자산 | 307,407 |
|  |  | 자본금 | 222,222 |
|  |  | 잉여금 | 85,185 |
| 합계 | 1,907,407 | 합계 | 1,907,407 |

유키가 물었다.

"양쪽 다 올바른 결산서라고 해요."

기무라가 대답했다.

'말도 안 돼! 어떻게 그런 일이 있을 수 있지?'

한쪽 결산서의 순자산은 3억 엔을 초과하는 데 반해 다른 한쪽 결산서의 순자산은 2천 600만 엔의 채무초과다. 양쪽 다 호아가 작성했고 게다가 결산 수치 역시 옳다고 한다.

"왜 이런 일이 발생했을까?"

두 사람은 머리를 감쌌다.

# 외화환산회계

전 세계적으로 통화가 통일되어 있으면 전혀 문제될 것이 없지만 유로존 등 일부를 제외하고 국제적으로 사업을 할 때는 환율 문제를 피해갈 수 없다. 외환환산회계 규칙에서는 이럴 때 다음과 같이 처리하도록 정하고 있다.

### 외화 거래 등

기업이 외화로 거래를 할 경우 다음과 같이 엔화로 환산하여 장부에 계상한다.

1. 거래 발생 시 처리

원칙적으로 해당 거래가 발생했을 때의 환율에 따라 엔으로 환산한 금액을 기준으로 기록한다.

2. 결산 시 처리

① 외국 통화에 대해서는 결산 시의 환율에 따른 엔 환산 금액을 기준으로 기록한다.

② 외화예금과 금전채권 및 금전채무는 결산 시의 환율에 따른 엔 환산 금액을 기준으로 기록한다.

③ 외화유가증권은

　㉠ 만기 보유 목적인 외화채권에 대해서는 결산 시의 환율에 따른 엔 환산 금액을 첨부한다.

ⓛ 매매를 목적으로 하는 유가증권 및 기타 유가증권에 대해서는 외국 통화의 시가를 결산 시의 환율에 따라 엔으로 환산한 금액을 첨부한다.

ⓒ 자회사 주식 및 관련회사 주식에 대해서는 취득 시의 환율에 따른 엔 환산 금액을 첨부한다.

### 외국에 거점을 둔 자회사 등의 재무제표 항목의 환산

연결재무제표를 작성할 때 외국에 있는 자회사 또는 관련회사의 재무제표 항목이 외국 통화로 표시되어 있을 때는 다음과 같은 방법에 따른다.

1. 자산과 부채에 대해서는 결산 시의 환율에 따른 엔 환산 금액을 첨부한다.

2. 자본에 대해서는, 모회사가 주식을 취득할 때 자본에 속하는 항목에는 주식 취득 시의 환율에 따른 엔 환산 금액을 첨부한다. 모회사가 주식을 취득한 후에 발생한 자본에 속하는 항목에는 해당 항목 발생 시의 환율에 따른 엔 환산 금액을 첨부한다.

3. 수익과 비용

수익과 비용에 대해서는 원칙적으로 가중평균 시세에 따른 엔 환산 금액을 첨부한다.

4. 환산 차액의 처리

환산으로 발생한 차액에 대해서는 환율조정계정으로서 재무상태표의 자본 란에 기재한다.

# 제8장

# 공장 안의 활동을
# 가시화하라

# 공장 활동의 부가가치를 분석하다

'어떻게 해야 할까?'

MMM사의 M&A 교섭을 추진해야 할지 말아야 할지 좀처럼 결단을 내리지 못한 채 2주일이 지나갔다.

이런저런 고민을 하고 있을 때 베트남에 있는 하야시다에게서 전화가 걸려왔다. 이전에 유키가 지시한 도야마 공장의 활동 분석 결과가 나왔다고 했다.

"이른 시일 안에 직접 찾아뵙고 설명을 드리고 싶습니다만….."

하야시다에게서 시간을 다투는 듯한 느낌을 받았다.

"오늘은 어때요?"

유키가 묻자 저녁 비행기로 들어오겠다고 대답했다.

"그럼 같이 저녁 식사하면서 천천히 이야기 나누기로 해요."

유키는 야에스(八重洲) 출구에 있는 이탈리안 레스토랑의 이름과 전화번호를 하야시다에게 일러줬다.

유키가 약속 장소로 정한 이탈리안 레스토랑이 입주한 건물은 예전에는 금융기관이었다. 그래서인지 천장이 높고 방 구조도 어딘가 엄숙하고 중후한 느낌이라 요즘 건물들에서는 엿볼 수 없는 풍정을 자아냈다.

약속 시간에 맞춰 유키가 도착했다. 레스토랑의 풍정과 어울리지 않는 수수한 옷차림을 한 청년이 소파에 앉아 있었다.

"하야시다 부장님!"

유키가 말을 걸자 하야시다가 미소를 지으며 자리에서 일어났다.

"멋진 곳이군요."

하야시다는 높은 천장을 둘러봤다.

검은 정장 차림의 웨이터가 두 사람을 넓은 홀 안으로 안내했다. 두 사람이 의자에 앉자 웨이터가 메뉴와 와인 목록을 유키에게 건넸다. 유키는 코스 요리를 선택한 뒤 웨이터에게 요리와 어울리는 와인을 부탁했다. 웨이터가 자리를 뜨자 하야시다는 가방에서 A4 용지에 작성된 자료를 꺼냈다.

"작업 내용을 재단·봉제, 준비 작업, 뒷정리, 수선, 협의, 대기시간, 재고정리 이렇게 총 일곱 가지로 나눠 공정별 작업시간을 1주일 동안 측정했습니다. 그리고 각 작업이 제품에 가치를 부여하는 활동인지 또는 부여하지 않는 활동인지 그 속성을 정해봤습니다. 이건 이전에 사장님께 배운 방법입니다. 부가가치VA, Value Added 활동시간은 재단과 봉제 작업에 실제로 소요된 시간입니다. 반대로 비부가가치NVA, Non Value Added 활동시간은 준비 작업이나 뒷정리, 대기 등에 소요된 시간입

　　　　　　　　　**회계학 콘서트 ❸** 고정비와 변동비

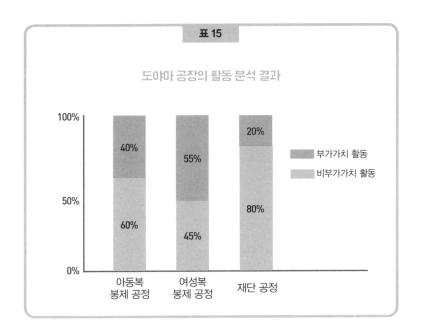

표 15

도야마 공장의 활동 분석 결과

- 부가가치 활동
- 비부가가치 활동

아동복 봉제 공정: 40% / 60%
여성복 봉제 공정: 55% / 45%
재단 공정: 20% / 80%

니다. 이것이 전체 비율을 나타낸 표입니다."

하야시다는 엑셀로 작성한 표를 보였다(표 15).

"봉제 공정의 부가가치 활동 비율은 평균 50퍼센트였고, 재단 공정은 20퍼센트였습니다. 이 결과는 예상 밖이었습니다. 그토록 분주히 일하고 있는 여성복 라인조차도 비부가가치 활동시간이 45퍼센트였습니다. 하루 근무시간을 8시간이라고 할 때, 약 4시간 정도는 아무런 가치도 창출하지 않았던 셈입니다."

그러자 유키가 계산기를 꺼내 계산하기 시작했다.

"여성복 부문의 고정비를 연간 약 7.5억 엔이라고 할 때 3.4억 엔(7.5×45%)이 가치를 창출하지 않는 활동에 사용된다는 말이군요."

표 16

도야마 공장의 활동시간에 대한 명세서

단위: %

| | 아동복 봉제 공정 | 여성복 봉제 공정 | 재단 공정 |
|---|---|---|---|
| 재단 · 봉제 | 40 | 55 | 20 |
| 부가가치 활동 | 40 | 55 | 20 |
| 준비 작업 | 10 | 10 | 10 |
| 뒷정리 | 5 | 5 | 10 |
| 협의 | 10 | 5 | 10 |
| 수선 | 15 | 10 | 0 |
| 대기시간 | 15 | 10 | 40 |
| 재고정리 | 5 | 5 | 10 |
| 비부가가치 활동 | 60 | 45 | 80 |
| 합계 | 100 | 100 | 100 |

부가가치 비율이 높은데 이익으로 이어지지 않고 있다

비율이 높다

뜻밖에도 대기시간이 적다

유키는 한숨이 절로 나왔다.

그러자 하야시다가 다른 한 장의 자료를 유키에게 보였다(표 16).

"이건 활동시간에 대한 명세서입니다."

유키는 그 표를 보면서 곰곰이 생각했다. 재단 공정은 하루 중 20 퍼센트밖에 가동되지 않는다. 아마도 생산능력 과잉이 그 원인으로 보인다.

재단 공정과 마찬가지로 봉제 공정도 대기시간이 많을 거라고 생각했다. 그러나 예상과는 달리 10퍼센트에서 15퍼센트 정도에 지나지 않았다. 대신 봉제 공정의 부가가치 활동 비율은 높았다. 작업자들이 분주히 몸을 움직이고 있다는 것을 알 수 있는 부분이다. 하지

## 표 17

### 도야마 공장의 활동원가에 대한 명세서

단위: 백만 엔

| | 아동복 봉제 공정 | 여성복 봉제 공정 | 재단 공정 | 합계 | |
|---|---|---|---|---|---|
| 재단 · 봉제 | 312 | 413 | 60 | 785 | |
| 부가가치 활동 | 312 | 413 | 60 | 785 | 43% |
| 준비 작업 | 78 | 75 | 30 | 183 | |
| 뒷정리 | 39 | 38 | 30 | 107 | 436 |
| 협의 | 78 | 38 | 30 | 146 | |
| 수선 | 117 | 75 | 0 | 192 | |
| 대기시간 | 117 | 75 | 120 | 312 | |
| 재고정리 | 39 | 38 | 30 | 107 | |
| 비부가가치 활동 | 468 | 339 | 240 | 1,047 | 57% |
| 합계 | 780 | 752 | 300 | 1,832 | 100% |

만 그 분주함이 가치의 증가, 즉 이익으로 이어지지 않고 있다.

유키는 계산기를 두드려 이 비율로 1년 동안 작업이 이루어진다고 가정하여 금액으로 환산해봤다(표 17).

이번 회계연도에 공장에서 소요된 고정비는 18.3억 엔이었다. 비부가가치 활동에 사용한 금액은 총 10.4억 엔이고, 이 중 수선에 1.9억 엔, 준비 작업과 뒷정리와 협의를 합쳐 4.3억 엔(183＋107＋146백만 엔)이 사용됐다.

반대로 부가가치를 창출하는 활동에 사용된 비용은 7.8억 엔에 지나지 않았다.

'이러니 적자가 나는 게 당연하지.'

유키는 하늘이 노래지는 듯했다.

와인이 나왔다. 소믈리에가 유키에게 "오늘 요리와 가장 잘 어울리는 최상의 와인을 선택했습니다"라고 말하고 나서 라벨을 보였다. 브루넬로 디 몬탈치노Brunello di Montalcino였다. 예전에 아즈미와 한 번 마신 적이 있던 와인이다.

소믈리에가 유키의 잔에 와인을 따랐다. 이윽고 제철 재료를 넉넉히 사용한 요리가 차례로 놓였다. 유키와 하야시다는 업무적인 이야기를 잠시 멈추고 와인과 요리를 음미했다.

식사를 끝낸 뒤, 유키가 물었다.

"하야시다 부장님, 봉제 공정의 대기시간이 적은(아동복 15퍼센트, 여성복 10퍼센트) 이유는 뭔가요?"

"저도 그 이유를 생각해봤습니다. 아마도 손이 비면 휴식을 취하는 게 아니라 다른 준비 작업이나 뒷정리를 시작하기 때문이라고 생각합니다."

"말인즉슨 시간이 남아돈다는 뜻이군요."

유키는 이제야 그 이유를 이해할 수 있었다. 다시 말해 봉제 작업도 실은 더 빨리 할 수 있는데 시간을 쓸데없이 낭비하고 있는 것이다.

유키는 또 한 가지 이해가 되지 않는 부분이 있었다. 아동복의 준비 작업과 수선하는 데 걸리는 시간이 길다는 점이다. 금액으로 환산하면 양쪽을 합해 연간 2억 엔에 가까웠다.

원인을 어느 정도는 알고 있었다. 제품의 종류가 많아서 준비 작업에 일정 시간이 필요하기 때문이다. 반면 제품 한 종류당 생산 수량은 적어서 작업에 익숙해지기도 전에 생산이 끝나버려 봉제 불량에 따른 수선 작업이 늘기 때문이기도 했다.

후식을 다 먹고 나서 하야시다가 입을 열었다.

"사장님이 워크셰어링을 도입하고 주4일 근무제로 바꾸자고 하실 때는 내심 반대였는데, 이렇게 직접 제 눈으로 확인해보니 제가 '우물 안 개구리'였다는 사실을 통감할 수 있었습니다."

하야시다는 자신의 생각이 짧았음을 솔직히 시인했다.


## 부채 상환 일정이 다가오다


커피가 나왔다.

"분쿄은행 다카다 지점장에게서 15억 엔을 상환하지 않으면 그 즉시 자금을 회수한다는 통보를 받았어요. 하야시다 부장님도 알고 계시죠? 그 기한까지 앞으로 3개월밖에는 남지 않았어요. 그래도 부장님 덕분에 재료 구입가격과 외주 단가는 10퍼센트 절감 목표를 무난히 달성할 거라고 생각해요. 게다가 다음 달부터 워크셰어링이 시작되면 인건비 20퍼센트는 확실히 감소해요. 연간 총 5억 엔의 절감 효과를 기대할 수 있어요. 그래도 아직 10억 엔이 부족해요. 그래서 의논드리고 싶은 게 있는데…."

유키는 MMM사의 인수합병에 관한 이야기를 꺼냈다.

"하야시다 부장님이 찬성하면 본격적으로 검토해보려고 생각 중이에요."

"저는 반대입니다."

하야시다는 주저 없이 곧바로 대답했다.

"한나에 충분한 여유 자금이 있으면 상관없지만 무리할 필요는 없다고 생각합니다."

"하지만…."

유키는 하야시다를 설득했다.

"MMM사는 내부유보 자금이 20억 엔이나 있는 회사예요. 이 회사를 10억 엔에 살 수 있어요. MMM사의 자산을 담보로 하면 자금을 빌릴 수 있어요. 남은 3개월 안에 10억 엔을 만들기란 도저히 불가능해요. 상환하지 못하면 분쿄은행은 분명히 융자금을 회수할 테고 그러면 한나는 도산해요. 하지만 만약 MMM사를 인수합병하면 분쿄은행은 추가 융자에 응해줄 거예요."

하야시다가 고개를 저었다.

"사장님, 인수합병을 하지 않아도 어떻게든 될 겁니다. 한나에는 저와 기무라 과장만 있는 게 아닙니다. 한나의 직원 모두가 사장님을 따르겠다고 마음속 깊이 다짐했습니다."

"고마워요…."

유키는 더이상 하야시다에게 MMM사와의 인수합병 이야기는 하지 않기로 했다.

식사를 마치고 밖으로 나오자 비가 내리고 있었다. 하야시다는 우산도 쓰지 않은 채 택시를 잡더니 유키를 먼저 태워 보냈다. 유키를 배웅하고 막 역으로 향하려는데 레스토랑 점원이 달려와 "빠뜨리고 가셨더라고요"라며 휴대전화를 건넸다.

유키의 것이었다.

## 활동기준원가계산과 활동기준경영관리의

### 한계와 지향해야 할 방향

활동기준원가계산ABC과 활동기준경영관리ABM에 대해서는 《회계학 콘서트 ①수익과 비용》 8장에서 이미 설명한 바 있지만 좀 더 자세히 살펴보고자 한다.

먼저 2장에서 등장한 프랑스 고급 레스토랑을 떠올려보자. 전통적인 관리회계를 사용할 경우 이 레스토랑의 관리회계 자료는 주방을 제조원가명세서, 식당을 손익계산서로 표현할 것이다.

원가중심점Cost Center은 주방 부문과 식당 부문으로 각 부문에서 발생한 비용을 집계한다. 또 식재료를 제외한 비용은 간접비로 취급하고 표준 작업시간을 계산하여 이를 기준으로 하여 각 요리에 간접비를 배부한 뒤 식재료와 합계하여 요리의 원가를 계산한다. 그러나 이 방법으로는 주방과 식당 안에서 어떤 활동이 이루어지는지 전혀 알 수가 없다.

따라서 이 방법 대신 각 부문에서 이루어지는 실제 활동시간을 측정하여 그 시간을 기준으로 활동별 원가를 계산하면 지금까지 보이지 않던 주방과 식당 안에서의 활동이 일목요연해진다. 눈에 보이는 것만으로는 부족하니 이 활동기준원가계산과 활동기준경영관리 정보를 사용해 불필요한 활동을 없애는 것이 무엇보다 중요하다. 그러려면 그 회계 수치를 물량(시간이나 수량)과 단가처럼 요소별로 분해할 수 있어야 한다.

다시 말해 활동원가를 금액(화폐적)으로 평가하는 것만으로는 불충분하다. 또한 그 활동원가를 물량(시간이나 수량)과 단가로 분해할 수 없는 한 아무리 활동기준원가계산과 활동기준경영관리라고 할지라도 관리회계 시스템으로 사용할 수 없다.

다음은 요리에 대한 제품원가다.

전통적인 원가계산에서는 직접재료비와 직접노무비, 제조간접비로 나눠 원가를 계산할 뿐이다. 그렇지만 이렇게 계산해서는 원가관리에 사용할 수 없다. 첫째, 직접재료비가 어떤 식재료로 구성되어 있는지 알 수 없다. 둘째, 어떤 공정을 거쳐 만들어지는지 알 수 없다. 다시 말해 요리에 대한 원가계산표와 요리법, 실제로 이루어지는 활동이 서로 관련성이 없다. 그러므로 결국 원가계산 결과를 현장 작업에 피드백할 수 없다.

관리회계 시스템에 금액을 시간, 단가와 같은 요소로 분해할 수 있는 시스템을 도입할 필요가 있다. 또 한 가지 지적할 점은 종래의 원가계산에서는 원가를 집계하는 단위를 '제품'과 '서비스'로 한정했다. 그러나 원가계산이 이익을 계산하기 위해 실시한다는 본래의 목적을 생각하면 원가를 집계하는 단위를 제한하는 것은 바람직하다고 볼 수 없다.

즉, 원가를 집계하는 단위는 곧 '고객의 주문'이어야 한다. 따라서 웨이터, 여종업원, 소믈리에에 소요되는 모든 비용도 고객의 주문에 대한 직접비로 집계해야 한다.


이상으로 알 수 있듯이, 새로운 관리회계는 정보기술 없이는 실현할 수 없다.

# 제9장

# 전어와 참다랑어 뱃살,
# 어느 쪽이
# 더 돈벌이가 될까?

## 회사를 살리는 게 급선무

하야시다는 이런저런 생각에 뜬눈으로 밤을 지새웠다. 어제 유키와 나눴던 대화가 머릿속에 맴돌았다. 유키는 어떻게 하면 '회사를 존속시킬 수 있을까?'라는 생각뿐이었다. 그런데 자신은 공장 일밖에 생각하고 있지 않았다. 다른 임원들도 마찬가지였다. 눈앞에 닥친 일에만 정신이 팔려 있었다. 유키 혼자서만 한나를 살리려고 고민하고 있는 것이다.

'3개월 후 한나가 어떤 상황에 부딪힐지는 분명하다. 나머지 10억 엔을 마련하여 한나를 존속시켜야 한다. 만사를 제쳐두고라도 이 과제를 해결해야 한다. 분쿄은행은 추가 융자에 응해줄 것 같지 않다. 이익으로 상환한다고 해도 한계가 있다….'

하야시다는 다른 방법이 없을까 고민했다. 그는 출근하자마자 기무라를 임원 회의실로 불렀다.

"어제 사장님과 이야기를 나눴어."

하야시다는 먼저 유키와 주고받았던 대화 내용을 기무라에게 들려주었다.

"나는 제품을 납기 내에 출하하는 것밖에는 생각하고 있지 않았어. 솔직히 말해 제조 부문만 괜찮다면 그만이라고 생각했지. 가장 중요한 것은 회사를 도산시키지 않는 건데…."

하야시다는 자신의 어리석음을 책망했다.

"저도 마찬가지예요."

기무라가 면목 없다는 듯이 말했다.

하는 일은 달라도 두 사람의 생각은 같았다.

"사장님의 생각을 이해하지 못했어요."

기무라도 하야시다와 똑같은 반성을 하고 있었다.

관리회계에 관해서는 자신 있었다. 게다가 숫자는 거짓말을 하지 않는다고 생각했다. 관리회계를 능숙하게 다룰 수 있으면 반드시 경영은 잘될 것이다. 혹여 관리회계의 숫자가 사실과 달라도 그것은 망원경과 마찬가지로 렌즈의 초점을 잘 조정하면 올바른 모습을 볼 수 있을 거라고 믿었다. 그러나 그것은 잘못된 생각임을 깨달았다.

"처음의 실마리는 부장님께 지적을 받았을 때였어요. 그때는 제가 계산한 결과가 회사의 실태를 올바르게 나타내고 있다고 믿고 있었어요. 다소 차이는 있을 수 있지만 실제 흑자 브랜드가 적자가 되거나 그 반대의 일이 생기리라곤 전혀 생각하지 못했어요. 하지만 도야마 공장에 가서 직접 눈으로 보고 나서 관리회계 이론은 도구에 지나지 않는다는 걸 깨달았어요.

MMM사의 결산서를 분석했을 때도 정말 충격적이었어요. 사장님은 저와는 관점이 전혀 달랐어요. 제가 너무 어리석었어요."

기무라가 힘없이 고개를 떨어트리며 말했다.

"하지만 사장님은 기무라 과장의 일솜씨에 분명히 만족하고 계실 거야."

"아무리 노력해도 도움이 안 되면 의미가 없잖아요. 저는 문제를 경영자의 시선으로 보지 못했어요."

기무라는 후회막심이라는 표정을 지었다.

하야시다는 활동분석표를 기무라에게 건넸다.

"어제 사장님과 이 자료를 보면서 도야마 공장에 관해 이야기를 나눴어. 제조 현장에 이렇게 낭비투성이인 활동이 많다는 걸 어제 처음 알았어."

기무라는 자료를 뚫어지게 바라봤다.

"이 자료, 부장님이 작성했나요?"

"응. 하지만 사장님이 지시하신 대로 만들었을 뿐이야."

그 자료에 있는 내용은 기무라가 학생 시절에 공부했던 활동기준 회계Activity Based Accounting였다.

"눈이 확 뜨이는 느낌이었어. 사실 전부터 작업자들에게 작업시간을 보고하라고 했었지만 말뿐이었거든. 그런데 이렇게 하면 공장 안의 활동들이 눈에 확 들어오니 정말 신기하더군. 게다가 회사에 공헌한 비용이 얼마인지, 낭비한 비용이 얼마인지 사용한 비용을 질적으로 분석할 수도 있고 말이야."

"이건 새로운 관리회계 이론이에요. 사장님이 기뻐하셨겠네요."

그러자 하야시다가 고개를 저었다.

"도야마 공장이 거의 가치를 창출하지 못하고 있음을 알게 되셨어. 어떤 활동이 필요하고 어떤 활동이 불필요한지도 파악하셨지. 하지만 불필요한 활동을 없애려면 시간이 걸리잖아. 현재 한나는 그럴 시간이 없다고 하셨어. 상환금 15억 엔 중 5억 엔은 어떻게든 마련할 수 있을 것 같은데 나머지 10억 엔은 지금으로선 전혀 방법을 찾을 수 없어. 관건은 3개월 안에 10억 엔을 마련할 수 있는지야. 하지만 시간이 너무 짧다고. 그래서 사장님 생각은 마사루 실장님이 추진하는 MMM사와의 인수합병 쪽으로 기울고 있는 것 같아. 기무라 과장은 어떻게 생각해?"

"저는 반대예요."

기무라는 딱 잘라 말했다.

"결산서를 분석해봤고 또 직영점도 둘러봤는데 그 회사에는 왠지 모를 흑막이 있는 듯해요. 사장님도 그걸 느끼셨고요. 그럼에도 한나를 존속시키려면 못 본 척할 수밖에 없다고 생각하셨겠지요. MMM사는 독이 든 사과일지도 모르지만 그걸 증명할 방법이 없다는 게 문제예요."

기무라는 괴로운 표정을 지었다.

그때였다. 하야시다가 기무라에게 이렇게 제안했다.

"그분의 지혜를 빌렸으면 해."

"그분이라니요?"

"아즈미 선생님 말이야. 우리 힘만으로는 해결할 수 없어."

"하지만 아즈미 선생님은 사장님께 이번만큼은 조언하지 않겠다고 하셨잖아요?"

기무라가 물었다.

"그건 사장님께만 해당되는 거잖아. 우리가 가르침을 받으면 돼."

"부장님, 아즈미 선생님 보수가 얼마나 되는지 아세요? 우리 형편으로 지급할 수 있는 금액이 아니라고요. 게다가⋯."

"회사를 살리는 데 보수가 대수야? 어서 빨리 연락하자고."

하야시다는 망설임 없이 대답했다.

"연락처도 모르는데 어떻게⋯."

"간단해. 이것을 사용하면 돼."

하야시다는 어제 유키가 레스토랑에 두고 간 휴대전화를 주머니에서 꺼냈다.


# 세 가지 힌트


거실에는 모차르트의 디베르티멘토Divertimento(18세기 후반 유럽, 특히 오스트리아에서 성행했던 기악곡 – 옮긴이)가 잔잔히 흐르고 있었다. 목욕가운을 걸치고 덥수룩한 머리의 한 남자가 소파에 걸터앉아 부르고뉴산 와인을 음미하고 있었다.

'다소 추운 감도 있지만 목욕을 한 뒤에는 이 차림을 해야 가장 편안히 쉴 수 있지.'

이 남자에게 있어서 이 순간은 더없이 행복한 때다.

그때 갑자기 휴대전화 벨소리가 울렸다. 남자는 주저 없이 통화 버튼을 눌렀다. 화면에 '유키'라고 표시되어 있었기 때문이다. 그런데 수화기를 통해 낯선 여성의 목소리가 들려왔다.

"아즈미 선생님이신가요? 한나의 기무라라고 합니다. 전에 베트남 레스토랑에서 인사드린 적이 있는데 혹시 기억하세요?"

아즈미는 곧바로 기무라의 얼굴을 떠올렸다.

"물론 기억하고말고. 당연히 유키일 거라 생각했지 뭔가. 무슨 급한 용무라도?"

아즈미는 손에 쥔 와인 잔을 테이블 위에 내려놓으며 걱정스러운 듯이 물었다.

기무라는 지금까지의 경위를 간략히 설명했다.

"알겠어. 자네들 힘으로 더는 감당하기 어렵다는 말이군. 자네들 눈에는 보이지 않는지 모르지만 한나에는 금맥이 묻혀 있어. 10억 엔을 마련하는 일 따위는 전혀 어렵지 않아. 그렇지만 나는 절대 조언을 하지 않을 생각이야. 약속이니까. 게다가 자네도 알고 있겠지만 나는 아무런 대가 없이 조언을 해주지는 않아. 내 조언이 10억 엔이라는 현금을 가져다주잖아, 하하하. 대신 힌트를 줄게. 내가 제시하는 힌트를 듣고 유키, 하야시다 씨와 머리를 맞대고 함께 생각해봐.

정답을 찾게 되면 그건 자네들의 성과야. 내가 보수를 받을 이유가 전혀 없지. 어때?"

"감사합니다."

기무라는 머리를 숙이며 말했다.

"힌트는 세 가지야. 첫째는 '수심계로는 흐르는 강물의 수량을 잴 수 없다.' 둘째는 '전어와 참다랑어 뱃살, 어느 쪽이 더 돈벌이가 될까?' 그리고 마지막은 '토끼는 왜 거북이보다 빠를까?'야. 도야마 공장의 오후 5시 현재 재공품 재고 금액 1개월분을 그래프로 나타내봐. 해답의 실마리가 보일 거야."

아즈미는 두서없는 힌트를 나열했다.

기무라는 의미도 모른 채 그저 노트에 옮겨 적을 뿐이었다.

"이 힌트가 무엇을 뜻하는지 그 의미를 알 수 있으면 현금 10억 엔을 마련하는 일은 전혀 문제가 안 돼. '셋이 모이면 문수의 지혜(세 사람이 모여 머리를 맞대면 문수보살 못지않은 지혜를 발휘할 수 있다 – 옮긴이)'라는 옛말도 있잖아. 그리고 추가 힌트인데, 유키에게는 이미 센다기(千駄木) 초밥집에서 그 정답을 가르쳐준 적이 있어. 7년 전쯤일까? 만약 아무리 생각해도 그 해답을 찾을 수 없으면 미련 없이 회사 경영을 포기하라고 전해."

수화기를 통해 들려오는 아즈미의 목소리는 신랄했고 동시에 상황을 즐기는 듯한 느낌이었다.

기무라는 아즈미에게 다시 MMM사와의 인수합병에 대한 의견을 구했다.

"자네도 한번 생각해봐. 자신이 심혈을 기울여 키운 회사를 반값 이하로 팔려는 창업자가 이 세상에 존재할까? 다시 말해 그 회사의 가치는 10억 엔 이하라는 거지."

"하지만 재무상태표로는 알 수 없어요."

기무라가 대답했다.

그러자 아즈미는 "그렇지 않아"라고 말하며 그 이유를 설명하기 시작했다.

"직영점 중 10개 점포는 임대라고 했지? 그 점포들은 판에 박은 듯이 닮았고 게다가 실외 장식과 실내 장식 모두 감각이 뒤떨어졌다고 했어. 자네는 그 점포 중 한 곳을 보고 왔는데 고객이 없었어. 그런데도 그 점포는 몇 년이나 장사를 계속하고 있지. 자네가 경리 담당이라면 회계 관점에서 이상한 점을 눈치챘어야 해. 그 건물들, 임대가 아니라 MMM사의 자산일지도 몰라."

"자산이요?"

"맞아. 법률적으로는 자산이 아닌데 실질적으로는 자산일 가능성이 커. 점포는 파리만 날리고 있다고 했으니 만약 그게 사실이라면 10억 엔을 쓰레기통에 버리는 일이 될지도 몰라. 조사해볼 필요가 있어."

"혹시 자산손상회계일까요…?"

기무라가 나지막한 목소리로 말했다.

"그럴 가능성이 크다고 할 수 있지. 여하튼 자네들 눈으로 10개 점포를 모두 직접 확인해봐."

아즈미가 휴대전화를 끊으려고 하자, 기무라는 서둘러 또 다른 질문을 했다.

"선생님은 지금 어디에 계신가요?"

"추운 곳이야."

아즈미가 갑자기 재채기를 했다.

기무라는 휴대전화의 통화 기록을 지우고 나서 하야시다에게 돌려 줬다.

"즉시 아사쿠라 부장에게 부탁해보지. 동경에는 기타아오야마점 이외에도 시부야와 신주쿠(新宿)에 MMM사의 직영점이 있으니 내일 이라도 가봐야겠군."

"먼저 사장님께 아즈미 선생님과 상담한 내용을 보고해야겠네요. 더욱이 부장님도 휴대전화를 사장님께 돌려줘야 하잖아요?"

기무라는 하야시다와 함께 사장실로 향했다.

## 드디어 실마리를 발견하다

두 사람이 사장실에 들어가자 그곳에는 녹초가 된 유키가 검은색 가죽 의자에 앉아 있었다.

"두 사람이 함께 오다니 무슨 일이에요?"

유키는 애써 밝은 표정을 지었다.

"휴대전화를 레스토랑에 두고 가셨더군요."

하야시다는 휴대전화를 유키의 책상 위에 올려놓았다.

"부장님이 보관하고 있었군요. 고마워요."

유키는 공허한 눈으로 감사의 인사를 했다.

"사장님의 휴대전화를 허락 없이 잠시 빌렸어요."

기무라가 솔직히 털어났다.

"아즈미 선생님께 조언을 구했어요."

"조언이라니…?"

"3개월 안에 10억 엔을 마련할 방법을 물었어요."

그러자 유키는 복잡 미묘한 표정으로 되물었다.

"선생님께서 가르쳐줬어?"

"아니요. 하지만 힌트를 주셨어요."

기무라는 아즈미에게서 들은 세 가지 힌트를 유키에게 전했다.

"먼저 도야마 공장의 오후 5시 현재 재공품 재고 금액 1개월분을 그래프로 나타낸 뒤 생각해보라고 하셨어요. 아무리 생각해도 그 해답을 찾을 수 없으면 회사 경영을 포기하라고…."

기무라는 화이트보드로 다가가 아즈미가 제시한 힌트를 조목조목 적었다.

**첫째, 수심계로는 흐르는 강물의 수량을 잴 수 없다.**

**둘째, 전어와 참다랑어 뱃살, 어느 쪽이 더 돈벌이가 될까?**

**셋째, 토끼는 왜 거북이보다 빠를까?**

"아즈미 선생님다운 힌트군."

유키가 희미한 웃음을 지으며 말했다. 유키는 아즈미가 무엇을 말하려고 하는지 바로 이해할 수 있었다. 이 힌트는 유키가 지금까지 고심하던 문제의 핵심을 정확히 집어내고 있었다.

유키는 자신감을 되찾았다.

"일별 재공품 금액의 추이를 지금 즉시 그래프로 나타내줄 수 있나요?"

하야시다에게 물었다.

"일별 재공품 수량이라면 바로 알 수 있습니다."

하야시다가 대답했다.

각 공정에서는 완성된 수량과 작업 종료 시의 미완성된 수량을 생산 일지*에 기록하고 있었다.

"그것으로 충분해요. 재공품 수량에 기준 단가를 곱하면 금액을 계산할 수 있으니까요."

이것으로 준비는 됐다.

이번에 유키는 기무라에게 지시했다.

"브랜드별로 지난달의 매출액, 매출원가, 외상매출금, 재고, 외상매입금을 표로 작성해줘. 그럼 우리 1시간 뒤에 자료를 가지고 다시 모이기로 해요."

---

★ **생산 일지** : 그날그날의 생산 실적을 보고하기 위한 장부와 전표 등을 말한다. 실적을 수집하는 열쇠가 된다.

기무라는 이제야 생각이 났다는 듯 유키에게 말했다.

"아즈미 선생님께서 공장에 금맥이 가득 묻혀 있다고 했어요."

유키는 흡족한 표정을 지으며 고개를 끄덕였다.

# 공장에 숨겨진 금맥

1시간 후, 하야시다와 기무라가 사장실로 돌아왔다.

먼저 하야시다가 4월분의 재공품 재고 금액의 추이를 나타낸 그래프를 두 사람에게 건넸다(표 18).

유키는 그래프를 꼼꼼히 살피며 말했다.

"일별 재고 금액과 월말 재고 금액이 같지 않네요. 다시 말해 그날그날 수심계의 길이가 차이 나는군요."

"첫 번째 힌트인 수심계와 관계가 있나요?"

기무라가 물었다.

"맞아. 강물의 깊이는 서로 다르잖아. 그러니 재공품 재고도 마찬가지일 수밖에. 그런데도 우리는 재고 금액을 분석할 때 아무런 의심도 없이 월말의 숫자를 사용했어. 선생님은 이것이 잘못됐다고 전하고 싶으셨던 거야. 재고 금액은 그날그날의 가중평균으로 계산해야 했는데 말이지."

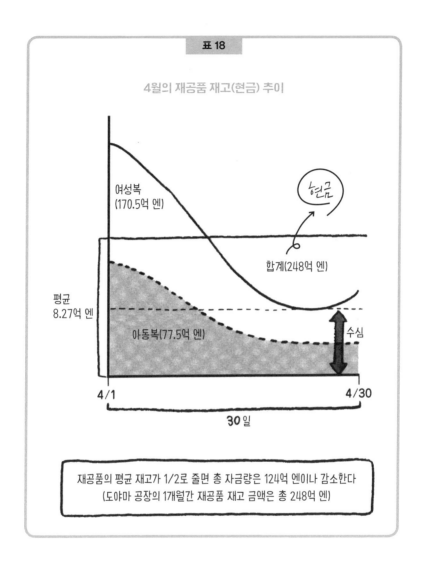

표 18

**4월의 재공품 재고(현금) 추이**

여성복
(170.5억 엔)

현금

합계(248억 엔)

평균
8.27억 엔

아동복(77.5억 엔)

수심

4/1                    4/30

**30**일

재공품의 평균 재고가 1/2로 줄면 총 자금량은 124억 엔이나 감소한다
(도야마 공장의 1개월간 재공품 재고 금액은 총 248억 엔)

두 사람은 유키의 설명에 고개를 끄덕였다.

"그리고 또 이 힌트에 있는 수량은 아마도 총 재고량을 가리킬 거
라고 봐."

유키는 그래프에 '현금'이라고 썼다.

"재고는 현금의 일시적인 모습이잖아. 다시 말해 도야마 공장의 제조 현장에는 하루에 평균 8.27억 엔, 1개월(30일)에 총 248억 엔의 재공품(현금)이 천천히 흘러가고 있다는 말이야."

현금은 강에 흐르는 많은 양의 물처럼 공장 안을 흘러가고 있었다. 하지만 월말 시점이 아닌 총 금액이 왜 중요한지는 하야시다도 기무라도 이해하지 못했다.

유키는 화이트보드에 표를 그렸다(표 19).

"1개월간의 총 재공품 재고 금액과 1개월간의 생산 실적을 표로 나타내면 이와 같아. 아동복의 재공품 재고 금액은 총 77.5억 엔, 생산액은 1.95억 엔이야. 마찬가지로 여성복의 재공품 재고 금액은 170.5억 엔, 생산액은 3.25억 엔이지. 두 사람에게 묻고 싶은데 겨우 이 정도의 생산을 위해 정말 이렇게나 많은 재공품 재고가 필요할까? 적은 재고로도 이 정도의 생산액은 충분히 달성할 수 있지 않을까?"

유키는 1개월 동안 5.2억 엔분의 옷을 생산하려고 총 248억 엔의 현금이 공장 안에 쌓여 있다는 사실을 깨달았다.

재무상태표와 손익계산서는 물론 현금흐름표에서조차도 공장 안을 흘러가고 있는 현금의 양을 알 수 없다. 월말의 재공품 금액은 그 시점에서 파악된 우연한 금액일 뿐이다. 다시 말해 수심계로 잰 강물의 깊이에 지나지 않는다.

문제는 공장을 운영하는 데 필요한 자금(현금)의 양이다. 강에 비유하면 1개월 동안 흘러가는 물의 양과 같다.

**표 19**

### 1개월간 총 재공품 재고 금액과 생산실적표

단위: 백만 엔

|  | 아동복 | 여성복 | 합계 |
|---|---|---|---|
| 당월 생산액 | 195 | 325 | 520 |
| 평균 재공품 금액 | 258 | 568 | 826 |
| 총 재공품 금액 (30일분) | 7,750 | 17,050 | 24,800 |

유키는 첫 번째 힌트의 의미를 두 사람에게 설명했다.

"다시 말해 정지화면에 시간축을 더해 동영상으로 만드는 거예요."

하야시다는 자신이 생각하는 이미지와 유키의 생각이 딱 들어맞는다고 생각했는지 한결 밝아진 표정으로 외쳤다.

"맞아! 줄여야 할 것은 월말의 재공품이 아니라 공장을 흘러가는 재공품(수량) 전체였어."

"아즈미 선생님은 그것을 지적하신 거야. 현재의 아동복과 여성복 재공품 재고는 월평균 8.26억 엔이니 이 재공품 재고를 절반으로 줄이면 운전자금으로 총 124억 엔이나 여유가 생겨. 재공품만이 아니야. 재료도 제품도 똑같이 생각하면 돼."

어느새 유키의 목소리가 들떴다.

하지만 첫 번째 힌트는 풀었는데 문제는 그 해결 방법이었다. 어떻게 하면 재고를 줄일지 그 방법을 아직 찾지 못했다.

유키는 두 번째 힌트를 읽어봤다.

"전어와 참다랑어 뱃살, 어느 쪽이 더 돈벌이가 될까?"

이것은 7년 전 센다기 초밥집에서 이미 한 번 강의를 받은 적이 있는 내용이었다. 한마디로 말해 전어 쪽이 자금 회전속도가 빨라 돈벌이가 된다는 것이다. 투입한 현금이 다시 현금으로 회수되기까지의 시간이 짧고 게다가 한 번에 사용하는 자금량이 적다. 한편, 참다랑어 뱃살은 막대한 자금이 천천히 회전하므로 자금이 재고 상태로 잠자고 있는 시간이 길다. 다시 말해 한 번에 사용하는 자금량을 적게 하고 회전속도를 빨리할수록 회사의 자금융통은 수월해진다.

"도야마 공장의 생산 방식은 '참다랑어 뱃살형 방식'이었던 거야. 이 방식을 적은 자금을 사용해 회전속도를 높이는 '전어형 방식'으로 바꾸면 재공품 재고는 틀림없이 감소할 거야."

유키가 눈을 빛냈다.

유키는 마지막 힌트를 소리 내어 읽었다.

"토끼는 왜 거북이보다 빠를까?"

이것은 정말 종잡을 수 없는 힌트였다.

"토끼가 거북이보다 빠른 이유는 보폭이 넓고 보속(발의 회전속도)이 빠르니까 그런 게 아닐까요?"

기무라가 한마디 하고 나서 자신의 생각을 말했다.

"보폭을 제품 한 벌당 매출총이익(현금), 보속을 재고 회전속도로 바꿔 생각해보았어요. 토끼형 제품은 한 벌당 매출총이익(현금)이 크고 게다가 재고가 회사에 정체되어 있는 시간 역시 짧으므로, 즉 회전속도가 빠르므로 현금을 벌어들이는 힘이 강하다고 할 수 있어요. 반대로 매출총이익이 작고 재고 회전속도가 느린 거북이형 제품으로는 현금이 좀처럼 증가하지 않아요.

헬스클럽에 가면 런닝머신이 있죠. 아무리 걸어도 좀처럼 앞으로 나아가지 못해요. 매출이 이와 같으면 매출총이익은 제로예요. 다시 말해 보속을 높여도 현금은 증가하지 않아요. 적자 제품일 경우 오히려 현금은 감소해요. 아즈미 선생님은 바로 이런 점을 우려하신 게 아닐까요? 현금 회전속도에만 정신이 팔려 제품의 매출총이익을 잊어버려서는 안 된다고요."

"정말 훌륭해!"

유키는 탄성을 지르며 기무라를 칭찬했다.

유키의 생각도 같았다.

"하야시다 부장님께 부탁한 원가절감과 워크셰어링, 그리고 재고 삭감을 실현할 수 있으면 15억 엔은 어떻게든 상환할 수 있을 것 같아요. 다음은 구체적으로 행동에 옮길 방법을 서로 분담해서 생각해보기로 해요. 기한은 이틀 후로 하죠. 그때는 관리직 직원 전원이 모일 수 있도록 연락을 취해주세요."

# 제10장

# 토끼는 왜
# 거북이보다 빠를까?

## MMM사의 수수께끼를 풀다

　사토미는 마루노우치에 있는 고층 빌딩에서 점심을 먹으면서 아즈미에게 푸념을 늘어놓고 있었다.

　"선생님, 오늘은 마사루 일로 상담을 하고 싶은데요, 그 아이가 정말 유키를 위해 힘쓰고 있는 걸까요?"

　"제가 뭐라고 대답할 처지가 아닌 것 같군요. 그는 사토미 씨의 자랑스러운 조카가 아닌가요? 게다가 두 사람은 서로 자주 연락을 취하고 있잖습니까? 저는 마사루 씨와 만난 적도 없습니다."

　아즈미는 곤혹스러워하면서 대답했다.

　"그건 그래요. 실은 어제 마사루가 전화를 해서 빨리 하야시다를 해고하라며 성화를 부리잖아요. 막 입사했을 때는 마사루를 믿었는데 요즘은 너무 집요하게 졸라대니 진절머리가 날 정도예요."

　사토미는 양파수프를 한 모금 마셨다.

　"마사루에 대해서는 뭐라고 할 말이 없군요. 그보다 유키 어머니와 마사루 씨가 서로 연락을 취한다는 사실을 혹시라도 유키가 알면 어떻게 생각할지 그게 더 걱정이군요. 앞으로는 회사 일에 관심을 조금 덜 두고 따님을 한번 믿어보시는 게 어떨까요? 유키라면 충분히 이 역경을 헤쳐나갈 수 있을 겁니다."

아즈미는 아이를 달래듯 사토미에게 이야기했다.


오전 9시.

임원과 관리직 직원 전원이 회의실로 모였다. 유키는 먼저 회의의 취지를 밝혔다.

"현재 한나가 안고 있는 현안은 세 가지예요. 첫째, 마사루 실장님이 제안한 MMM사를 인수합병할지 말지를 결정할 것. 둘째, 한나 베트남이 채무초과가 아니라는 사실을 증명할 것. 셋째, 3개월 후에 15억 엔을 은행에 상환할 것.

먼저 MMM사와의 인수합병 안건에 대해서는 아사쿠라 부장님의 보고를 들어보겠어요."

아사쿠라가 일어났다.

"MMM사의 직영점 중 임대 점포로 보이는 10개 점포에 불명확한 점이 있음이 판명됐습니다. 그래서 전 점포에 직접 발품을 팔아 정보를 수집했습니다. 그 결과를 보고하겠습니다. 10개 점포 모두 건물 구조, 실외 장식, 실내 장식이 같았습니다. 아마도 같은 설계서를 토대로 만든 것으로 생각합니다. 점원은 한 명 내지는 두 명이고 가게 안이 모두 한산했습니다. 점원에게 물어보니 10개 점포 모두 건축한 지 9~10년이 지났고 벽을 다시 도색하는 비용과 수리비 일체를 MMM사가 부담하는 듯했습니다. 그리고 입지조건이 나빴습니다. 주소만 보면 금싸라기 땅인데 전 점포 건물이 뒷골목에 세워져 있어 인적이 드물었습니다. 이래서는 어느 정도 실내외 장식을 바꾸더라도 손님이 오지 않으리라 생각합니다."

아사쿠라가 보고를 마치자 마사루가 불쾌한 표정을 지으며 반론했다.

"50개 점포 중 고작 10개 점포만 조사해서 무엇을 알 수 있단 말입니까? 게다가 그런 가게는 인수합병 후 바로 폐쇄하면 그만이잖아요."

유키는 마사루의 말이 끝나길 기다렸다가 기무라에게 물었다.

"아사쿠라 부장님의 보고에 대해 혹시 회계 관점에서 지적할 게 있나요?"

그러자 기무라가 일어나 준비한 자료를 펼쳐 보이며 설명을 시작했다.

"이건 어디까지나 제 상상이지만 이 직영점은 10개 점포 모두 임대가 아닌 리스Lease일 거라고 생각합니다."

"그 말인즉슨?"

유키가 지대한 관심을 보이며 물었다.

"건물의 등기부등본을 조사해봤는데 소유주는 바로 리스회사였습니다. 임대로 여겨지는 10개 점포는 모두 디자인이 특이했습니다. 저도 기타아오야마점을 보고 왔는데 나쁜 점이 눈에 확 띄는 그런 건물이었습니다. 아마도 MMM사의 특별 사양이라고 생각합니다. 게다가 돈벌이가 안 되는데 건축한 지 9~10년이 지난 지금까지 계속 사용하고 있었습니다. 추측하건대 혹시 해약할 수 없는 건 아닐까요? 더욱이 건물에 소요되는 수리비는 MMM사가 부담하고 있었습니다. 다시 말해 그 건물의 소유주는 리스회사지만 실질적으로는 리스회사로부터 돈을 빌려 건축한 건물일 가능성이 큽니다. 만약 그렇다면 재무상태표에 리스 자산으로 계상해야 합니다. 그러나 MMM사의 재무상태표에는 기재되어 있지 않았습니다."

그러자 마사루가 이렇게 반론했다.

"기무라 과장은 10개 점포는 MMM사가 금융리스(228~230쪽 참고)한 물건이라고 말하고 싶은 게지? 만약 그렇다면 건물과 미지급금 모두 재무상태표에 기재해야 해. 하지만 그래봤자 MMM사의 주주 가치는 변하지 않아."

마사루는 기무라를 향해 위압적으로 말했다.

다시 말하자면, 재무상태표에 건물 1억 엔, 미지급금 1억 엔을 동시에 계상해도 차액이 제로여서 회사의 순자산(재산의 많고 적음)은 변하지 않는다. 게다가 손익계산서에 계상되는 비용은 임차료가 감가상각비와 이자로 바뀔 뿐 매월 50만 엔임에는 변함이 없다. 그래서 마사루는 재무상태표에는 계상되지 않을 뿐 이익 자체의 크기는 변함이 없다고 주장한 것이다.

"하지만 그 점포는 돈벌이를 못하고 있어요."

유키가 끼어들었다.

"7년 전, 아즈미 선생님으로부터 고정자산은 현금제조기라고 배웠어요. 현금제조기는 현금을 사용해 현금을 만드는 기계로 그 가치는 미래에 걸쳐 창출하는 현금의 많고 적음으로 결정된다고 했죠. 다시 말해 자산의 가치는 미래에 걸쳐 창출하는 현금, 즉 영업현금흐름의 합계로 결정된다는 말이에요. 1억 엔을 들인 건물이라도 그 건물이 창출하는 영업현금흐름이 1천만 엔이면 1천만 엔의 가치밖에 없는 거예요."

"그 이야기와 직영점이 무슨 관계가 있습니까?"

마사루가 시비조로 물었다.

유키는 화이트보드에 표를 그린 뒤 천천히 설명하기 시작했다(표 20).

"지인인 부동산 업자에게 그 건물의 가치를 물어봤어요. 그러자 그는 10개 점포에 80억 엔, 앞으로 10년 정도는 사용할 수 있다고 했어요. 임차료가 연간 8.5억 엔이므로 타당한 금액이라고 생각해요. 그리고 아사쿠라 부장님께 10개 점포가 어느 정도의 현금(영업현금흐름)을 창출할지 예측해달라고 했어요. 물론 하나 제품도 진열한다는 전제로 한 예측이에요. 그러자 한 개 점포당 기껏해야 연간 2천만 엔이 한계이니 10년에 20억 엔 정도라고 했어요. 다시 말해 그 건물의 가치는 총 20억 엔밖에 안 된다는 결론이에요.

금융리스라면 재무상태표에 자산 80억 엔, 동시에 부채(미지급 채무) 80억 엔을 계상해야 해요. 그러나 자산의 가치는 80억 엔이 아닌 20억 엔이므로 그 차액인 60억 엔은 손실이에요. 다시 말해 순자산은 24억 엔이 아닌 마이너스 36억 엔(24억 엔 - 60억 엔)인 셈이에요. 그런데 MMM사의 결산서에는 임차료로 연간 8.5억 엔만이 계상되어 있을 뿐 손실인 60억 엔은 나타나지 않고 있어요."

표 20

## MMM사의 진정한 재무상태표

**명목상의 재무상태표**

단위: 백만 엔

| 자산 | 8,200 | 부채 | 5,800 |
|------|-------|------|-------|
| 리스 자산 | (8,000) | 리스 부채 | 8,000 |
| | | 순자산 | 2,400 |
| 자산 | 16,200 | 부채와 자본 | 16,200 |

**자산손상 처리 후 진정한 재무상태표**

△은 마이너스

| 자산 | 8,200 | 부채 | 5,800 |
|------|-------|------|-------|
| 리스 자산 | (2,000) | 리스 부채 | 8,000 |
| | | 순자산 | (△3,600) |
| 자산 | 10,200 | 부채와 자본 | 10,200 |

자산은
60억 엔
마이너스!

순자산은
36억 엔
마이너스!

유키는 마사루의 눈을 똑바로 바라보며 설명을 이어갔다.

"MMM사는 36억 엔의 채무초과예요. 따라서 이 회사를 10억 엔에 살 이유가 없죠."

"그럴 리 없습니다."

마사루는 강력히 부인했다.

"저도 한때는 인수합병 쪽으로 마음이 기울었어요. 그래서 듀 딜리전스를 전제로 제 쪽에서 분쿄은행을 통해 주식을 매수하고자 타진해봤어요. 그랬더니 상대편 소유주가 정중히 거절했어요. 그 이유인즉슨 좀 더 현역으로 활동하고 싶다는 거예요. 어쩌면 자신이 이뤄낸 회사의 가치가 실제로 어느 정도인지를 알고 싶지 않았는지도 몰라요. 그 후 컨설턴트인 신자키 씨에게서는 연락이 끊겼고요."

마사루의 얼굴에서 핏기가 싹 가셨다.

마사루도 신자키도 MMM사의 소유주인 마츠노에게 속았던 것이다.

## 한나 베트남은 과연 도산 직전일까?

"이 같은 이유로 MMM사와의 인수합병 건은 없던 일로 하겠어요. 두 번째 의제로 넘어가죠. 기무라 과장, 설명을 부탁해요."

기무라가 준비한 자료를 전원에게 배부했다(표 21).

표 21

## 한나 베트남이 채무초과가 된 이유

**엔 기준 재무상태표**

단위: 천 엔

| ☆ 현금예금 | 100,000 | ☆ 외상매입금 | 300,000 |
|---|---|---|---|
| ☆ 외상매출금 | 400,000 | ☆ 차입금 | 1,300,000 |
| 고정자산 | 1,407,407 | 순자산 | 307,407 |
| | | 자본금 | 222,222 |
| | | 잉여금 | 85,185 |
| 합계 | 1,907,407 | 합계 | 1,907,407 |

☆은 엔 기준

1엔 = 135동

⬇

1엔 = 177동으로 급락

동의 급락으로
명목상의 부채가 증가해
채무초과가 됐다

**동 기준 재무상태표**

단위: 천 동, △은 마이너스

| ☆ 현금예금 | 17,700 | ☆ 외상매입금 | 53,100 |
|---|---|---|---|
| ☆ 외상매출금 | 70,800 | ☆ 차입금 | 230,100 |
| 고정자산 | 190,000 | 순자산 | △4,700 |
| | | 자본금 | 30,000 |
| | | 잉여금 | △34,700 |
| 합계 | 278,500 | 합계 | 278,500 |

☆은 엔 기준

"얼마 전에 분쿄은행 다카다 지점장에게서 한나 베트남이 47억 동의 채무초과라는 지적을 받았습니다. 그러나 현지 책임자에게서는 그런 보고를 받은 적이 없었습니다. 그래서 조사해보니 두 쪽 모두 올바른 결산서였습니다."

"그런 불가사의한 일이 있을 수 있을까? 도저히 믿을 수 없군."

마사루가 또 빈정댔다.

기무라는 그러한 마사루를 무시하고 계속 설명했다.

"환율이 장난을 쳤기 때문입니다."

다시 말해 한나 베트남은 매출과 구입 모두 일본 엔으로 거래를 하고 있다. 분쿄은행 호찌민 지점에서의 차입금도 엔 기준이다. 공장 건설 대금은 현지 통화인 동으로 지급했다. 그때의 환율은 1엔당 135동이었다. 그 후 동이 급락해 전기 말 환율이 1엔당 177동이 됐다.

회계 담당 책임자인 호아는 동을 기준으로 결산서를 작성할 때 엔 기준의 자산과 부채를 기말 환율인 1엔당 177동으로 환산했다. 다시 말해 1천 755억 동(13억 엔)의 차입금이 단숨에 2천 301억 동(13억 엔)으로 증가한 것이다.

이 결과 계산상 부채 금액이 자산 금액을 초과해 4천 700억 동(2천 650만 엔)의 채무초과가 됐다. 하지만 이는 외화환산에 따른 착각(164~165쪽 참고)일 뿐, 엔 기준으로 거래를 하는 한나 베트남 자회사의 사업에는 전혀 영향이 없었다. 오히려 엔이 강세를 보이는 만큼 동으로 지급하는 현지 인건비 지급 등이 절감되어 경영이 수월해진다.

한편, 엔으로 결산서를 작성할 경우는 고정자산에 대해서는 동으로 표시된 금액에 0.0074엔(1엔÷135동)을 곱해 엔으로 환산하고 있다. 현금과 외상매출금 그리고 외상매입금과 은행차입금은 본래 엔 기준이므로 환산이 필요 없다. 다시 말해 환율에 따른 영향을 거의 받지 않는다.

외화환산이 초래한 숫자의 마술이 이번 오해의 원인이었다.

"고작 그런 일이었군요."

그렇게 말한 사람은 마사루였다.

"오해에서 비롯된 단순한 해프닝이잖아. 시시한 이야기군."

하지만 마사루의 이야기에 맞장구를 쳐주는 사람은 아무도 없었다.

## 부채를 상환할 방법은 전어형 생산방식

"이 건에 대해서는 이미 다카다 지점장에게 설명한 바 있어요. 남은 과제는 은행에 상환해야 할 15억 엔의 조달 방법이에요. 이 중 5억 엔은 원가절감으로 그럭저럭 마련할 수 있을 것으로 봐요. 문제는 나머지 10억 엔이에요. 게다가 상환기한이 코앞에 닥쳤죠. 다시 말해 우리에게 남은 시간은 앞으로 3개월밖에 없다는 말이에요. 그런데 마침 하야시다 부장님과 기무라 과장이 정말 감탄할 만한 아이디어를

**표 22**

한나의 평균 재고 금액과 1개월간 총 재고 금액

단위: 억 엔

|  | 평균 재고 금액 | 1개월간 총 재고 금액 |
|---|---|---|
| 재료 | 7 | 217 |
| 재공품 | 8 | 248 |
| 제품 | 14 | 434 |
| 합계 | 29 | 899 |

제안했어요."

유키가 하야시다를 지명했다.

"도야마 공장에는 정말 많은 현금이 잠자고 있었습니다. 그 이야기부터 시작하겠습니다."

하야시다는 화이트보드에 표를 그렸다(표 22).

"이건 4월 한 달 동안의 재료 재고와 재공품 재고, 그리고 제품 재고 금액을 정리한 것입니다."

하야시다는 재고 금액이 날마다 변동하고 있어 어느 한 시점의 재고를 줄이는 일보다 총 재고 금액을 줄이는 데 그 의미가 있다고 설명하고는 다음의 이야기를 했다.

"한나가 안고 있는 재고는 1개월간 총 899억 엔입니다. 다시 말해 회사에 잠자고 있는 현금이 1개월간 총 899억 엔이라는 계산입니다. 이 현금을 잘 활용하면 차입금 상환을 충당하는 데 도움이 될 것입니다. 문제는 그 방법입니다. 처음엔 도저히 불가능하다고 생각했는데 작업자들과 회의를 거듭할수록 가능하지 않을까 하는 희망이 보였습니다."

하야시다가 액정 프로젝터의 스위치를 켜자 여러 장의 사진이 잇달아 비쳤다.

"이건 1주일간 도야마 공장을 같은 장소에서 찍은 사진입니다. 보시는 바와 같이 어느 쪽 할 것 없이 재고로 넘쳐나고 있습니다. 사진을 잘 보십시오. 여기에 재공품 금액이 줄지 않는 이유가 뚜렷이 드러납니다."

하야시다가 화상에 레이저 포인터를 비쳤다.

"봉제 공정에서는 옷 100벌분을 한꺼번에 작업하고 있습니다. 예를 들어 재킷을 봉제할 경우, 재킷 100벌분의 바느질 작업이 끝나면 다음 공정인 단추를 다는 공정으로 옮기고 그 작업이 끝나면 검사 공정으로 옮겨서 상자에 담습니다. 다시 말해 봉제 공정의 각 보조 공정에는 언제나 옷 100벌분의 재공품 재고가 쌓여 있습니다.

재단 공정과 봉제 공정을 잇는 곳도 이와 같은 이치라고 할 수 있습니다. 상품 번호가 같은 옷 1천 벌을 만들 경우 1천 벌분의 재단 작업이 완료돼야 비로소 봉제 공정이 시작됩니다. 당연히 옷감 부품의 재고가 쌓일 수밖에 없습니다. 이 재고 금액이 공장에 잠자고 있는 현금입니다. 이것을 한번 봐주십시오(표 23).

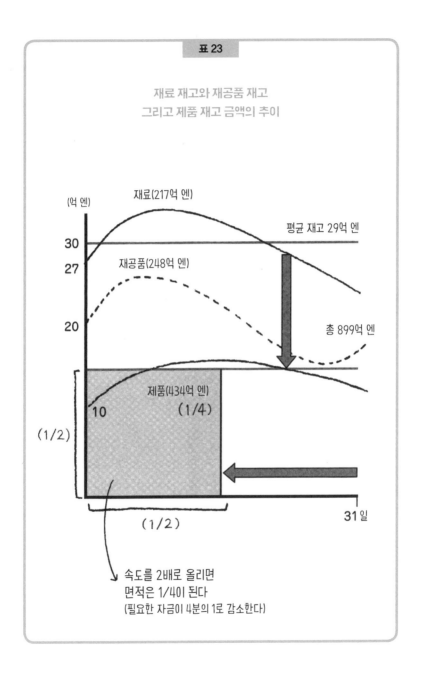

표 23

재료 재고와 재공품 재고
그리고 제품 재고 금액의 추이

(억 엔)

재료(217억 엔)

평균 재고 29억 엔

30

27

재공품(248억 엔)

20

총 899억 엔

제품(434억 엔)

10    (1/4)

(1/2)

(1/2)

31일

속도를 2배로 올리면
면적은 1/4이 된다
(필요한 자금이 4분의 1로 감소한다)

재공품만 1개월간 총 248억 엔이나 됩니다. 어떻게 하면 이 면적을 좁힐 수 있을지가 관건입니다. 그 해결책은 각 보조 공정의 재공품 재고를 줄이는 것입니다. 재공품 재고를 줄이는 방법은 만드는 즉시 다음 공정으로 인도하는 것입니다. 지금까지는 1로트당 100벌 단위로 이 모든 작업이 끝나야 다음 공정으로 인도했습니다. 100벌에 대한 모든 작업이 완료될 때까지 그 재공품은 그 공정에 정체하고 있습니다. 따라서 작업이 끝나는 즉시 바로 다음 공정에 인도하면 각 공정의 재공품 재고는 줄어들 것이 분명합니다.

그래서 시험 삼아 1로트당 수량을 50벌로 줄이고 봉제 공정에서 검사 공정까지 작업을 해봤습니다. 생산 라인을 다소 개선한 부분도 없지 않지만, 예상대로 재공품 재고가 절반으로 줄었습니다. 이론상으로 재공품 재고가 절반으로 줄고 유통 속도가 2배 빨라지면 자금의 정체량은 4분의 1로 줄어들 거라는 계산입니다.

이와 함께 최근 근무시간이 줄어 우울했던 직원들 분위기도 밝게 변했습니다. 모두가 자신감을 회복했습니다."

회의실 안에 모인 전원이 하야시다 부장의 설명에 시종 감탄을 금치 못했다.

"전어형 생산방식이군요."

센다기 초밥집에서 아즈미에게 배웠던 내용이 떠오른 유키가 무심코 이렇게 말했다.

유키가 말한 전어형 생산방식의 의미는 다음과 같다. 예를 들어 1만 엔에 구입한 전어를 그날 하루 2만 엔에 다 팔아치울 경우와 30만 엔에 구입한 참다랑어 뱃살을 1개월에 걸쳐 60만 엔에 다 팔아치울 경우를 비교할 때 1개월간의 이익과 영업현금흐름에는 차이가 없다. 다시 말해 전어는 자금량은 비록 참다랑어 뱃살의 30분의 1밖에 안 되지만 참다랑어 뱃살보다 30배나 빠른 속도로 자금을 회전시킴으로써 참다랑어 뱃살과 똑같은 현금을 벌어들인다.

**속도를 2배 올리면 면적은 1/4이 된다.**

하야시다와 공장 직원들이 생각한 방법도 같은 이치이다. 1로트당 생산 수량을 100벌에서 50벌로 줄이면 제조 속도가 빨라져 공장에 정체하는 재공품 재고 금액은 감소한다. 하지만 재공품을 줄이는 것만으로는 부족하다.

"봉제 공정의 재공품은 물론 재료와 재단 공정의 재공품, 그리고 제품을 줄여야 자금융통이 한결 수월해져요. 무슨 좋은 방책이 있나요?"

유키가 묻자, 하야시다가 밝은 표정을 지으며 대답했다.

"먼저 재료 재고가 많아지는 이유를 살펴보아야 하는데, 실제로 필요한 양보다 더 많은 양을 생산 또는 구입하기 때문입니다. 재료 구매 담당자는 제품이 없어서 못 파는 상황을 피하려고 좀 넉넉하게 발주하는 경향이 있고, 재단 공정에서는 옷감 부품이 부족하지 않도록 좀 넉넉하게 재단합니다. 그런 이유로 옷감 부품 재고가 쌓이게 된 것입니다. 따라서 이 문제를 해결하기 위한 방책으로 옷 만드는 속도

를 올리자는 결론에 이르렀습니다. 그래서 봉제 공정의 작업 속도를 올리고 봉제 작업에 맞춰 재단하고 재단에 맞춰 재료를 구입하기로 했습니다. 이렇게 하면 재료와 재공품이 공장에 머무는 시간이 틀림없이 짧아질 것입니다."

유키는 하야시다의 설명을 들으면서 아즈미가 데리고 간 메밀국수 가게를 떠올렸다. 이렇게 하면 재고가 바람처럼 휙 지나가 그 자리에 오랫동안 머무는 일이 없다.

"정말 훌륭해요! 그건 하야시다 부장님이 생각한 아이디어인가요?"

유키가 물었다.

"제가 아니라 시간제 근무자들입니다."

하야시다가 환하게 웃었다.

다음 문제는 제품 재고다. 유키는 아사쿠라에게 앞으로의 방침을 물었다.

"아까부터 여분의 재료 재고와 재공품 재고에 관한 이야기가 중심을 이루고 있는데 제품 재고가 많은 것도 같은 이유였습니다. 수량은 물론 제품의 종류와 색상, 치수가 너무 다양합니다. 게다가 무엇이든지 두루 갖춰놓아야 없어서 못 파는 일을 방지할 수 있다고 믿는 것에 문제가 있습니다. 그건 정말 잘못된 인식입니다. 잘 팔리는 제품은 그 나름대로 이유가 있는데 말이죠. 앞으로는 디자인부와 제조부 그리고 영업소의 책임자가 한 달에 한 번씩 모여 판매 추이를 분석하고 신제품을 기획하는 동시에 잘 팔리지 않는 제품을 파악하여 이른 단계에서 처분해나가기로 했습니다. 한편 캐주얼웨어는 앞으로 철저한 원가절감을 통해 고품질 제품을 기절초풍할 정도의 싼 가격으로 시장에 내놓을 생각입니다."

"정말 훌륭한 아이디어군요. 고마워요. 재료와 재공품, 제품의 유통 속도를 올려 현금 순환 속도를 더욱 빠르게 하면, 운전자금을 극적으로 줄일 수 있을 거예요*. 하지만 그것만으로는 한나가 당면한 문제를 근본적으로 해결할 수 없어요."

유키는 빨리 만들어 서둘러 대금을 회수하는 방법만으로는 한나를 회생시킬 수 없다고 못을 박았다.

★ 재고량이 2분의 1로 줄면 필요한 자금은 4분의 1로 감소한다(230~234쪽 참고).

# 토끼와 거북이

"지금까지는 한나를 잘 굴러가게 하기 위해 재고 형태로 꽁꽁 얼어붙은 자금(현금)을 녹이는 이야기를 했어요. 하지만 우리는 앞으로도 계속 한나를 존속시켜야 해요. 그러려면 새로이 현금을 창출해내는 시스템을 만들어가야 합니다. 기무라 경리과장이 이 시스템에 대한 좋은 아이디어를 생각해냈어요."

기무라는 토끼와 거북이에 대한 이야기와 아무리 걸어도 좀처럼 앞으로 나아가지 않는 런닝머신에 대한 이야기(199쪽 참고)를 하고 나서 전원에게 준비한 자료를 배부했다.

"이건 세 브랜드의 4월분 실적을 근거로 작성한 자료입니다. 설명하기에 앞서 다시 한번 논점을 정리해보고자 합니다. 하야시다 부장님의 아이디어를 한마디로 요약하면 '재고의 유통 속도가 빠를수록(재고 회전일수가 짧을수록) 재고가 적어진다'는 것과 '재고량이 줄면 그곳에 구속되는 현금(운전자금)이 극적으로 감소한다'는 것입니다. 특히 공장의 생산방식에 대해서는 많은 양을 한꺼번에 만들지 말고 적은 양을 빨리 만들어야 재공품 재고를 삭감할 수 있으며, 필요한 자금량을 줄이는 데 공헌하게 된다는 설명이었습니다.

보통 많은 제품을 한 번에 만들면 생산성이 올라감은 물론 이익도 증가해 회사 경영에 유리하다고 생각하는 경향이 있는데 그건 잘못

## 표 24

### 실제 원가에 근거한 손익계산서

단위: 백만 엔, △은 마이너스

|  | 4월 실적 | | | | |
|  | 아동복 | 여성복 | | 본사 비용 | 합계 |
|  |  | 고급품 | 캐주얼웨어 |  |  |
| 매출액 | 150 | 300 | 350 | 0 | 800 |
| 매출원가 | 145 | 275 | 320 | 0 | 740 |
| 매출총이익 | 5 | 25 | 30 | 0 | 60 |
| 매출총이익률 | 3% | 8% | 9% | 0 | 8% |
| 판매비와 일반관리비 | 8 | 10 | 11 | 38 | 67 |
| 영업이익 | △3 | 15 | 19 | △38 | △7 |

된 생각입니다. 바꿔 말하면 적은 액수의 자금을 고속으로 회전시켜 많은 액수의 자금과 같은 효과를 이끌어내는 것이 중요한 거죠.

그러나 재고를 고속으로 회전시켜도 이익을 내지 못하면 현금(영업현금흐름)은 증가하지 않습니다. 적은 자금으로 영업현금흐름을 증가시키려면 재고의 회전속도(회전수)와 매출총이익률을 함께 고려해야 합니다. 다시 말해 재고의 회전속도를 올리고 매출총이익률을 향상시키는 것이 한나 부활의 열쇠라고 할 수 있습니다."

기무라는 물을 한 모금 마신 뒤 이야기를 이어갔다. 유키는 그런 기무라를 흐뭇하게 바라봤다.

"어떤 분이 이런 힌트를 주셨습니다. '같은 시간에 토끼가 거북이보다 멀리 갈 수 있는 이유는 뭘까?'라고 말이죠."

"⋯⋯?"

모두 어리둥절하며 기무라의 다음 말을 기다렸다.

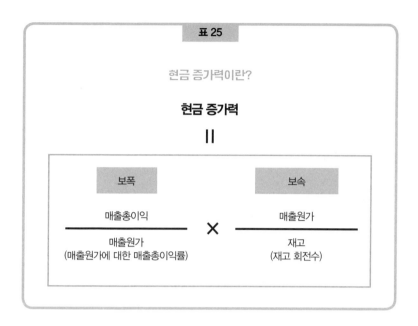

표 25

현금 증가력이란?

**현금 증가력**

=

| 보폭 | | 보속 |
|:---:|:---:|:---:|

$$\frac{매출총이익}{매출원가} \times \frac{매출원가}{재고}$$

(매출원가에 대한 매출총이익률)　　(재고 회전수)

"앞으로 나아간 거리를 증가한 현금(현금흐름의 총액), 보폭을 제품 한 벌당 매출총이익(매출원가에 대한 매출총이익), 보속을 재고의 회전수(속도)로 바꿔봤습니다. 이 매출총이익은 제품 한 벌이 창출하는 현금(현금흐름)의 많고 적음을 나타냅니다. 현금을 더욱 많이 창출하는 제품은 매출원가에 대한 매출총이익률이 높고 재고의 회전수, 즉 생산에서 판매까지의 속도가 빠른 제품을 뜻합니다."

여기까지 이야기한 기무라는 화이트보드에 식을 썼다(표 25).

"이 값이 큰 제품일수록 현금흐름을 창출하는 힘이 강하다고 할 수 있습니다. 여기서는 '현금 증가력'이라고 하겠습니다. 저는 세 브랜드의 4월분 현금 증가력을 계산해봤습니다.

표 26

## 기준원가에 근거한 손익계산서

단위: 백만 엔

| | 4월 실적 | | | |
| | 아동복 | 여성복 | | 합계 |
| | | 고급품 | 캐주얼웨어 | |
|---|---|---|---|---|
| 매출액 | 150 | 300 | 350 | 800 |
| 매출원가 | 90 | 195 | 305 | 590 |
| 매출총이익 | 60 | 105 | 46 | 211 |
| 매출총이익률 | 40% | 35% | 13% | 26% |
| 평균 재고 금액 | | | | |
| 재료 | 300 | 400 | 0 | 700 |
| 재공품 | 250 | 550 | 0 | 800 |
| 제품 | 250 | 500 | 650 | 1,400 |
| | 800 | 1,450 | 650 | 2,900 |

여기서 주의해야 할 점이 있습니다. 아동복의 제조 공정은 4월도 가동률이 낮아서 실제 원가로 계산하자 매출총이익은 500만 엔에 그 쳤습니다(표 24). 다시 말해 매출원가 중에는 가치를 창출하지 못하는 비용이 많이 포함되어 있었습니다. 그래서 올바른 현금 증가력을 구하기 위해 기준원가를 사용하기로 했습니다. 기준원가란 정상적인 상태에서 만든다고 가정했을 때 드는 제품원가를 말합니다. 자료를 봐주십시오(표 26).

기준원가로 매출원가에 대한 매출총이익률을 계산하자 아동복이 40퍼센트, 여성복이 35퍼센트, 캐주얼웨어가 13퍼센트였습니다. 세

표 27

세 브랜드의 현금 증가력

단위: 백만 엔

| | 아동복 | 여성복 | 캐주얼웨어 | 합계 |
|---|---|---|---|---|
| 매출원가에 대한 매출총이익률 | 66.7% | 53.8% | 15.1% | 35.7% |
| 재고 회전수 | 0.11 | 0.13 | 0.47 | 0.20 |
| 현금 증가력 | 7.5% | 7.2% | 7% | 7.3% |
| 회전 월수 | 8.9 | 7.4 | 2.1 | 4.9 |

부문의 평균은 26퍼센트입니다. 지금까지는 아동복이 전혀 이익을 내지 못하고 있다고 여겨져왔는데 실은 세 부문 중 매출총이익률이 가장 높았습니다."

회의실 여기저기에서 웅성거리는 소리가 들려왔다. 하지만 기무라는 조금도 개의치 않고 계속 설명해나갔다.

"다음은 세 브랜드의 현금 증가력을 나타낸 표입니다(표 27). 재고 회전수는 매출원가를 재고 금액으로 나눈 값입니다. 이 재고 금액은 브랜드별 재료, 재공품, 제품의 월간 평균 잔액입니다(표 26).

아동복은 1개월간 0.11회, 여성복은 0.13회, 캐주얼웨어는 0.47회입니다. 재고 교체 주기라는 관점에서 보면 아동복이 8.9개월, 여성

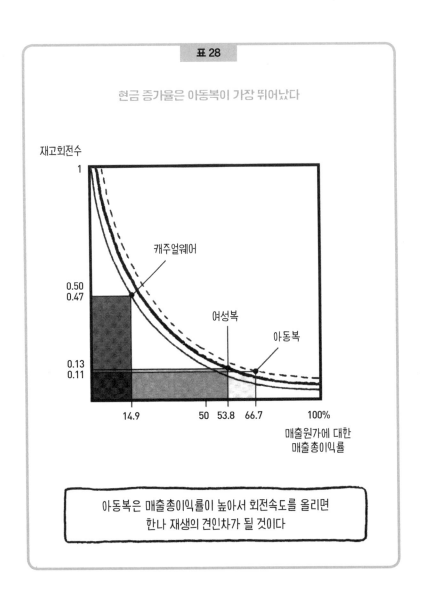

표 28

현금 증가율은 아동복이 가장 뛰어났다

재고회전수

1

0.50
0.47

0.13
0.11

캐주얼웨어

여성복

아동복

14.9    50  53.8  66.7    100%

매출원가에 대한
매출총이익률

아동복은 매출총이익률이 높아서 회전속도를 올리면
한나 재생의 견인차가 될 것이다

복이 7.4개월, 캐주얼웨어가 2개월 소요되고 있습니다. 양복 수명이
대략 3개월 정도이므로 이 상황을 놓고 볼 때 너무나 많은 시간이 소

요되고 있음을 알 수 있습니다. 이것이 한나를 자금 압박에 시달리게 하는 원인입니다.

이 두 가지 요소, 즉 매출원가에 대한 매출총이익률과 재고 회전수를 곱한 '현금 증가력'을 비교해봤습니다. 그러자 아동복이 7.5퍼센트, 여성복이 7.2퍼센트, 캐주얼웨어가 7퍼센트로 이 중에 아동복이 가장 뛰어났습니다(표 27).”

“아동복이 가장 돈을 잘 벌고 있다는 말입니까?”

영업부장인 아사쿠라로서는 전혀 뜻밖이었다.

“맞습니다. 아동복의 문제점은 재고 회전속도가 너무 늦다는 데 있습니다. 아동복 사업을 철수해야 한다는 이야기도 있었는데 이 점을 개선하면 한나 재생의 견인차 구실을 톡톡히 할 것으로 믿어 의심치 않습니다. 마찬가지로 캐주얼웨어의 이익률을 높이고 여성복의 회전속도를 올리는 것이 우리가 앞으로 해결해야 할 과제입니다.”

기무라가 자신 있게 대답했다.

“현금 증가력 말이죠. 이 지표라면 관리회계를 모르는 사람일지라도 큰 저항 없이 받아들일 수 있을 겁니다. 정말 훌륭한 아이디어예요.”

유키는 부쩍 성장한 기무라를 대견스럽게 바라봤다.

## *1. 금융리스와 자산손상 처리*

'리스 거래(임대차 거래)'란 특정한 물건을 소유한 임대인이 물건을 사용하는 임차인에게 '리스 기간' 동안 이 물건의 사용수익권을 부여하고 임차인은 서로 합의된 사용료(리스료)를 임대인에게 지급하는 거래를 말한다.

리스 거래에는 '금융리스'와 '운영리스Operating Lease(일정한 예고 기간을 두면 중도 해약이 가능—옮긴이)'가 있습니다. MMM사는 실은 '금융리스'임에도 '임대' 혹은 '운영리스'로 처리함으로써 막대한 손실을 감추고 있었다.

운영리스는 리스료로 손익계산서에 계상만 하면 전혀 문제가 되지 않는다. 그러나 금융리스 거래라고 판정될 경우, 비용 처리가 인정되지 않고 보통의 매매 거래와 마찬가지로 처리를 해야 한다. 다시 말해 리스 거래 개시일에 리스 물건과 이에 관계되는 채무를 리스 자산 및 리스 채무로 재무상태표에 계상해야 한다.

금융리스 거래는 다음의 모든 조건을 충족하는 리스 거래를 말한다.

㉠ 리스 계약에 근거한 리스 기간 도중에 해당 계약을 해지할 수 없음(중도 해약 불가능 리스 거래)

㉡ 임차인이 해당 계약에 근거해 사용하는 리스 물건에서 발생하는 경제적 이익을 실질적으로 향유할 수 있고 또 해당 리스 물건을 사용함으로써 발생하는 비용을 실질적으로 부담하게 되는 리스 거래(완불리스: Full-Payout Less – 리스 회계기준 제5항)

형식적으로는 다음의 (1) 또는 (2)의 어느 한 쪽에 해당하는 경우 금융리스 거래라고 판정한다.

## (1) 현재 가치 기준

중도 해약 불가능 리스 기간 중 리스료 총액의 현재 가치가 해당 리스 물건을 임대인이 현금으로 매입한다고 가정했을 경우 합리적인 견적 금액의 약 90퍼센트 이상일 것.

## (2) 경제적 내용연수 기준

중도 해약 불가능 리스 기간이 해당 리스 물건의 경제적 내용연수의 약 75퍼센트 이상일 것.

MMM사 노면 점포의 경우, 임차인의 용도 등에 맞춰 특별 사양으로 제작 또는 건설된 것으로 해당 리스 물건을 반환한 후 임대인이 제3자에게 또다시 리스 또는 매각하기가 곤란해 그 사용 가능 기간을 통해 임차인만이 사용 가능하다는 사실이 분명함.

MMM사가 리스 물건을 사용함으로써 발생하는 비용(취득 가격 상당액, 유지관리 등의 비용, 진부화에 따른 위험 등)을 실질적으로 부담하고 있다고 보고 중도 해약 불가능과 완불 리스(모든 비용을 부담하는 일)의 조건을 충족하고 있다고 생각한 기무라는 금융리스라고 추측했다.

여기서 중요한 것은 금융리스 거래에서도 재무상태표에 계상된 리스 자산에 대해서는 다른 고정자산과 마찬가지로 '자산손상회계 기준'이 적용된다는 점이다.

고정자산의 자산손상이란 '자산의 수익성이 낮아짐에 따라 그 자산에 투자한 현금을 회수할 전망이 불투명한 상태'를 말한다. 자산손상회계는 고정자산의 장부가격에 회수 가능성을 반영시키기 위한 처리다.

현금제조기를 사용해 자산손상을 설명하면 다음과 같다.

고정자산(현금제조기)의 가치는 미래에 걸쳐 획득하는 현금(잉여현금흐름)의 할인현금흐름 또는 현금흐름할인법Discounted Cash Flow이다. 만약 장부가격이 할인현금흐름보다 많으면 재무상태표(기업 가치)는 그 금액만큼 과대평가된다. 그래서 올바른 기업 가치를 재무상태표에 나타내고자 자산손상된 금액을 손실로 계산함과 동시에 장부 금액을 감액하게 하고 있다.

이야기를 다시 처음으로 되돌려보면, MMM사의 노면 점포는 금융리스 거래였다. 그런데 앞으로도 적자가 계속될 것은 불 보듯 뻔하다. 따라서 리스 자산으로 계상해 자산손상 처리를 해야 한다. 하지만, MMM사는 안고 있는 거액의 자산손상을 숨기려고 금융리스 거래임에도 임차료라고 처리했다(실무상 처리는 2008년 4월 1일 이전의 리스 거래에는 종래대로 비용 처리가 인정되고 있다).

## 2. 이익 창출 잠재력과 J 코스트 이론

### 이익 창출 잠재력

일본의 가와다 마코토 교수가 제창한 '재고자산의 회전속도'와 '이익률'을 사용해 기업 수익력을 측정하는 '이익 창출 잠재력PP, Profit Potential'을 소개하려 한다.

이익 창출 잠재력이란 미래의 이익을 창출하는 힘을 측정하는 방법으로 영업이익을 재고자산(재고 금액)으로 나눠 계산한다. 이익 창출 잠재력은 이익을 평가하는 영업이익률과 리드 타임Lead Time을 평가하는 재고자산의 회전수를 곱한 것이라고 할 수 있다.

재고자산의 회전수는 팔리는 시기에 맞춰 제품을 만들고 있는지를 알 수 있는 지표이고, 리드 타임의 단축은 운전자금에 여력이 발생했음을 의미한다. 업적이 좋지 않으면 이익을 부풀리려고 재고를 더 보유하는 일이 종종 일어난다. 이 회계상의 구조는 《회계학 콘서트 ①수익과 비용》 11장에서 설명한 바 있다. 간단히 말해 생산량을 늘리면 제품 1단위당 간접비(고정비)가 줄어들기 때문에 매출원가가 감소하고 매출총이익이 그 감소한 금액만큼 증가하여 계산되기 때문이다. 하지만 회계상의 영업이익률이 증가해도 재고자산 회전속도가 내려가 결국 현금흐름이 악화된다.

마찬가지로 가격 경쟁력을 갖추려고 공장을 중국이나 베트남으로 이관한 경우, 확실히

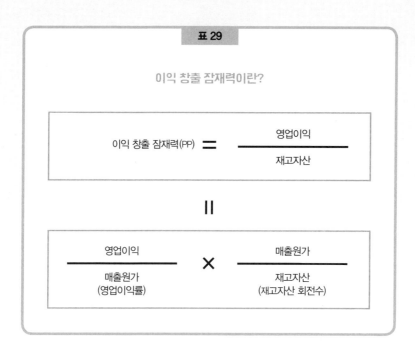

**표 29**

이익 창출 잠재력이란?

$$이익 창출 잠재력(PP) = \frac{영업이익}{재고자산}$$

=

$$\frac{영업이익}{매출원가} \times \frac{매출원가}{재고자산}$$
$$(영업이익률) \qquad (재고자산 회전수)$$

인건비가 저렴한 만큼 제품원가가 낮아져 이익률이 증가하는 대신 재고자산 회전수는 큰 폭으로 악화된다. 국내에서 생산하는 쪽이 훨씬 유리할 수도 있다.

이익 창출 잠재력에 의한 수익력 평가는 눈속임 그림이 되기 쉬운 회계 수치를 바로잡아준다고 할 수 있다.

### J 코스트 이론

코스트 이론은 다나카 마사토모 교수가 제창한 이론으로 제품별 수익성을 해당 매출총이익과 제조에 투입된 자금량과의 관계로 평가하고자 하는 방법이다. J 코스트 이론에서는 수익력을 〈표 30〉과 같은 계산 식으로 나타낸다. 다시 말해 수익력이 높은 제품이란 적은 자금량으로 더 많은 매출총이익을 가져다주는 제품이다.

자금량이란 재고로 형태를 바꾼 현금의 총면적이다. 예를 들어 한 병당 이익이 1천 엔이고 원가가 1천 엔인 와인(판매가격 2천 엔)이라도 1년간 숙성시켜 판매하는 와인과 3년

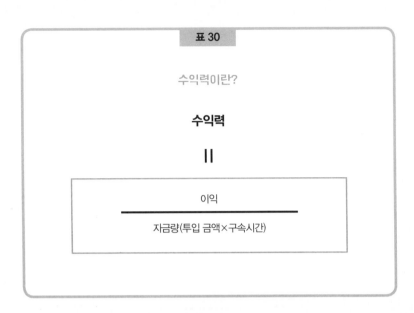

**표 30**

수익력이란?

**수익력**

$$=$$

| 이익 |
| --- |
| 자금량(투입 금액×구속시간) |

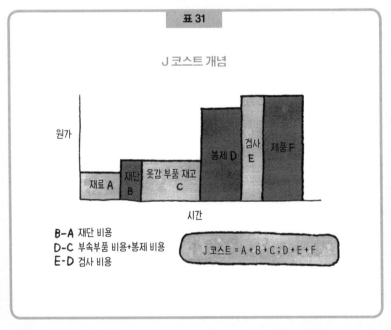

**표 31**

J 코스트 개념

원가

재료 A    재단 B    옷감 부품 재고 C    봉제 D    검사 E    제품 F

시간

**B-A** 재단 비용
**D-C** 부속부품 비용+봉제 비용
**E-D** 검사 비용

J 코스트 = A + B + C ; D + E + F

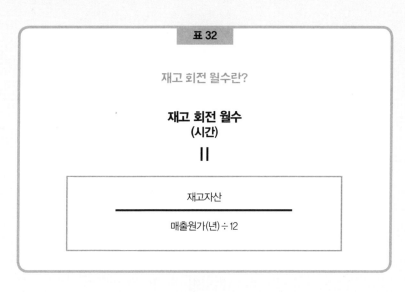

**표 32**

재고 회전 월수란?

**재고 회전 월수**
**(시간)**

$=$

$$\frac{재고자산}{매출원가(년) \div 12}$$

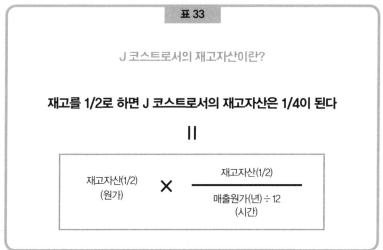

**표 33**

J 코스트로서의 재고자산이란?

**재고를 1/2로 하면 J 코스트로서의 재고자산은 1/4이 된다**

$=$

$$재고자산(1/2) \atop (원가) \quad \times \quad \frac{재고자산(1/2)}{매출원가(년) \div 12 \atop (시간)}$$

간 숙성시켜 판매하는 와인을 비교할 때, 1년간 숙성시켜 판매하는 와인 쪽이 수익력에서 3배나 차이가 난다.

자금량은 투입 금액(원가)에 제조에 사용한 시간(제조 리드 타임)을 곱해 계산한다. 다시 말해 원가가 높을수록, 작업 공정에서의 정체 시간이 길수록 수익력은 떨어지게 된다. 한나의 예로 바꿔서 생각해보면 〈표 31〉 중 음영 부분의 면적이 자금량이다.

일반적으로 제품의 수익력을 높이려고 할 때 '원가'를 낮추는 데 집중하는 경향이 있다. 그러나 원가절감만으로는 자금량이 좀처럼 감소하지 않는다. J 코스트 이론에서는 원가절감은 물론 시간 단축도 수익력을 높이는(자금량을 감소시키는) 중요한 요소다. 게다가 투입 자금 삭감 효과는 원가절감보다 리드 타임 단축 쪽이 크다.

그 이유는 다음과 같다.

먼저 재고자산이 1개월간 회전하는 속도를 〈표 32〉와 같이 나타낸다. 예를 들어 월말 평균 재고자산을 100으로, 월평균 매출원가를 200으로 했을 때 재고가 1 회전하는 속도는 0.5개월(100/200)로 계산할 수 있다.

한편, J 코스트의 재고자산 금액(표 33)은 월말 시점의 재고자산 금액에 재고 회전 월수(시간)를 곱해 계산할 수 있다(표 32). 이 식에서 예를 들어 재고자산을 절반으로 줄이면 J 코스트 재고자산, 즉 자금 투입량은 4분의 1로 감소함을 알 수 있다.

다시 말해 한 단위 흐름에 의한 생산방식(부품의 생산에서 조립에 이르기까지 고객에게 필요한 단위를 한 개씩 흘려보내는 생산방식─옮긴이)이나 소로트 생산방식으로 변경하여 재고자산의 회전속도를 올리면 운전자금(일상적인 경영 활동에 필요한 현금)은 큰 폭으로 감소하게 된다.

# "이익이란 무엇입니까?"

그로부터 1개월 후.

한나에서는 현금 증가력을 높이려는 온갖 시도가 실행되었고, 유키는 자금융통에 쫓기며 분주한 나날을 보내고 있었다. 마사루는 건강을 이유로 잠시 요양하고 싶다며 갑작스럽게 휴직을 신청했다. 유키는 건강이 회복되는 대로 언제든지 회사에 복귀해도 좋다고 말했다.

한나의 운명은 바람 앞의 등불과도 같았다. 그리고 드디어 오늘 다카다 지점장에게서 최종 통보를 받는 날이다.

임금 삭감과 재료비 등의 원가절감을 위한 노력이 결실을 보아 고정비와 변동비가 큰 폭으로 감소했다. 또 생산방식도 전어형 생산방식(소로트 생산)으로 바뀌어 순조롭게 작동하기 시작했다.

그 결과 생산 속도가 이전의 2배에 가까워지고 운전자금이 조금씩 줄어들기 시작했다. 그러나 상환한 차입금은 5억 엔이 채 되지 않아

결국 약속을 지키지 못했다. 융자가 멈추면 한나는 틀림없이 도산한다. 그런데 유키의 마음은 뜻밖에도 개운했다.

유키는 혼자서 분쿄은행으로 향했다.

은행에 도착하자 은행원이 유키를 내빈실로 안내했다. 그곳은 처음으로 안내받은 호화로운 방이었다. 유키는 다카다를 기다렸다.

잠시 후, 다카다가 다른 한 사람과 함께 나타났다. 날카로운 눈매의 그 남자는 자신이 분쿄은행 본부의 융자 담당 본부장인 산본기라고 했다.

유키는 그 남자를 어디선가 본 적이 있다는 느낌이 들었다.

"약속한 기일이군요. 상환금 15억 엔 중 5억 엔밖에 상환되지 않았습니다."

다카다가 차갑게 말했다.

그러자 산본기가 입을 열었다.

"유키 씨, 질문 하나 해도 될까요?"

유키는 고개를 끄덕였다.

"이익이란 무엇입니까?"

그것은 전에 아즈미가 유키에게 던진 질문과 똑같은 질문이었다.

"유키 씨, 저는 당신의 노력을 높이 평가하고 있습니다. 6개월 안에 15억 엔을 상환하는 건 처음부터 무리였습니다. 그러나 당신들은 그 일을 이루려고 열심히 노력했습니다. 그리고 5억 엔이나 되는 많은 돈을 상환해줬습니다. 그 노력에 보답하고 싶습니다. 하지만 운이 좋아 우연히 모든 일이 잘 진행됐을지도 모릅니다. 그래서 확인하고 싶습니다. 당신이 진정한 경영자인지 아닌지 저는 이 질문으로 판단하려고 생각하고 있습니다. 자, 대답해주십시오."

산본기는 유키의 대답을 기다렸다.

유키는 잠시 마음을 진정시키고 한마디 한마디 또박또박 대답하기 시작했다.

"이익에는 질이 있습니다. 질이 낮은 이익은 현금흐름의 뒷받침이 없는 이익을 말합니다. 이와 같은 악질적인 이익은 이익이 아니라고 생각합니다. 그럼 질문에 답변하겠습니다. 이익은 첫째, 업적을 측정하는 지표이고 둘째, 예측 불가능한 미래의 위험에 대한 준비이며 셋째, 미래의 투자를 위해 쌓아놓은 내부유보이고 넷째, 직원들의 생활을 보장하는 기반이라고 생각합니다."

유키는 의연히 대답했다.

"명확한 답변이군요. 그런데 그렇게 훌륭한 생각을 가진 당신이 왜 자금융통에 어려움을 겪고 있습니까? 저로서는 참 이해할 수가 없군요."

산본기가 유키를 집요하게 추궁했다. 하지만 유키는 조금도 동요하는 기색 없이 대답했다.

"제가 만약 이익의 본질을 알고 있었으면 한나가 이 지경까지 되지는 않았을 거예요. 실은 전에 어떤 분으로부터 똑같은 질문을 받은 적이 있어요. 물론 그때는 대답할 수가 없었어요. 그로부터 3개월간 어떻게든 도산을 피하려고 노력하면서 그 대답을 찾고자 고군분투했습니다. 그 결과 가까스로 답을 찾을 수 있었어요. 회사를 존속시키는 것이 무엇보다 중요하다는 사실을 말이죠. 그러려면 이익은 없어서는 안 될 필수불가결한 요소예요. 하지만 그 사실을 너무 늦게 깨달았습니다. 정말로 후회스러워요."

유키가 말을 마치자 산본기가 갑자기 온화한 표정을 지으며 말했다.

"저도 유키 씨와 마찬가지로 어떤 분으로부터 같은 질문을 받았습니다. 하지만 저는 대답하지 못했습니다. 그러자 그분이 저를 '그런 마음가짐으로 은행원의 임무를 다할 수 있겠나?'라며 꾸짖었습니다.

유키 씨, 저는 이 일에 긍지를 갖고 있습니다. 앞으로도 변함없이 당신들을 응원하고 싶습니다. 다카다 지점장도 저와 같은 마음입니다."

유키가 막 은행을 나서려고 할 때에 다카다가 다가와 말을 걸었다.

"우리 본부장을 꾸짖은 사람이 바로 아즈미 씨입니다."

그날 밤, 유키는 귀가하는 길에 마루노우치에 있는 와인 상점에 들러 최상급 와인을 샀다. 그리고 사토미에게 전화를 걸어 요리를 만들어달라고 부탁했다. 요즘 사토미는 사람이 변했는지 맛있는 요리를 손수 만들어주곤 했다.

유키는 센다기 아파트에서 곧장 집으로 가지 않고 아즈미가 사는 201호로 갔다. 최근 한밤중이 되면 방에 불이 켜져 있다고 사토미에게 들었기 때문이다.

현관의 초인종을 누르자 문이 열렸다.

그 사람은 틀림없는 아즈미였다.

아즈미는 7년 전과 마찬가지로 한 손에 와인 잔을 쥔 채 나타났다.

"이건 저와 하야시다 부장님, 기무라 과장이 선생님께 드리는 감사의 마음이에요."

유키는 금방 산 와인을 아즈미에게 보였다.

샹볼 뮤지니 그랑 크뤼Chambolle Musigny Grand Cru였다. 그건 유키가 아즈미와 함께 마신 와인 중에서 가장 마음에 들었던 부르고뉴산 와인이었다. 아즈미는 그 와인을 손에 쥐고 밝게 웃으며 말했다.

"자네들은 정말 귀중한 경험을 쌓았어."

"선생님의 힌트 덕분이에요."

유키의 큰 눈이 초롱초롱 빛났다.

"선생님, 저희 집으로 가요. 어머니가 손수 요리를 만들고 기다리고 계세요."

그리고 유키는 아즈미의 팔짱을 끼며 정색을 한 채 덧붙였다.

"정말 걱정 많이 했어요. 선생님도 참, 일부러 넘어지시다니. 앞으로는 절대 그러지 마세요."

아즈미의 호탕한 웃음소리가 밤하늘에 울려퍼졌다.

# 회계학 콘서트 ③ 고정비와 변동비

제3판 1쇄 인쇄 | 2018년 5월 24일
제3판 1쇄 발행 | 2018년 5월 31일

지은이 | 하야시 아츠무
옮긴이 | 박종민
감수자 | 홍종팔
펴낸이 | 한경준
펴낸곳 | 한국경제신문 한경BP
편집주간 | 전준석
책임편집 | 황혜정
외주편집 | 장민형
저작권 | 백상아
홍보 | 정준희 · 조아라
마케팅 | 배한일 · 김규형
디자인 | 김홍신
본문디자인 | 김수아

주소 | 서울특별시 중구 청파로 463
기획출판팀 | 02-3604-553~6
영업마케팅팀 | 02-3604-595, 583  FAX | 02-3604-599
H | http://bp.hankyung.com    E | bp@hankyung.com
T | @hankbp    F | www.facebook.com/hankyungbp
등록 | 제 2-315(1967. 5. 15)

ISBN   978-89-475-4329-3    03320